浙江省"十三五"一流学科"应用经济学"研究成果

浙江省重点创新团队"现代服务业创新团队"研究成果

浙江省哲学社会科学研究基地"浙江省现代服务业研究中心"研究成果

浙江省科技厅软科学项目（2020C35063）资助成果

浙江树人大学著作出版基金资助成果

服务业与服务贸易论丛

THE DRIVING MECHANISM

OF CUSTOMER CREATIVITY

顾客创造力驱动机理研究

葛米娜◎著

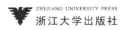
浙江大学出版社

前　言

在传统的市场营销和消费者行为研究领域,顾客一直被看作价值的损耗者而不是创造者。而实践经验和先前的证据表明,顾客并不总是追求实现目标的最少付出努力的路径,而是在消费行为中经常享受探索替代品和创造性思维的过程。近年对顾客创造力的研究,增加了对顾客在消费过程中创造性活动的认知。在"大众创业,万众创新",跨界融合的大背景下,顾客与企业员工的界限已变得越来越模糊。具有创造力的顾客是创新的丰富来源,他们蕴含了大量的创新想法。顾客不但是创新动力的不竭源泉,同时也是创新产品及服务的设计者、创新效果的最终评价者。顾客中心时代的来临和日益加剧的全球竞争使得权力逐渐从企业内部向企业外部转移,特别是将产品或服务的生产、选择、定价等权力日益转移到数以万计的顾客手中,服务主导逻辑下,整个消费导向正在走向定制化和个性化,相应的,顾客的角色也在发生着根本性变化,他们从服务前台走进企业后台,参与到产品或服务设计过程中,成为企业新产品或服务的共同开发者、共同生产者和共同创造者。这对现代企业提出的挑战是如何识别这些顾客,定义他们的行为,并知道如何从他们创造性的行为中获取创造价值,充分利用顾客创新实现企业创新能力的提升,使顾客创造力内化为企业的核心竞争力。

在学术界,顾客作为兼职员工参与企业创新的问题也开始引起学者们的关注。既然企业的核心创新源已从企业内部转向了顾客本身,创新的成功就依赖于顾客处理创新的方式和企业客户关系管理中对待顾客的方式。数字化、智能化和定制化正在成为第三次工业革命的重要特征,大规模定制将成为主要的生产组织方式。未来管理变革的逻辑是社会资源的再组合。因此,任何企业都必须能够培训和引导顾客的参与,当企业把顾客看作一种人力资源时,企业必须把顾客视为一种特殊的"准员工"。然而,目前,就企业创新绩效的研究来看,绝大多数学者仍然是从企业自身角度研究服务开发或产品创新的,从顾客参与创新视角给予的关注度相对较少。虽然国内外已经涌现出一批顾客参与的相关研究文献,其中也不乏有关顾客创新的探索和真知灼见,但毕竟十分有限,有关顾客创新、顾客创造力的相关理论仍然严重滞后于企业实践发展的迫切要求,顾客作为知识的联合生产者的角色仍然没有获得足够的重视。随着顾客创新的日益流行,并考虑到其在企业客户关系管理中急速上升的战略地位,企业管理者迫切需要一套能够有效指导顾客创新管理实践的理论框架与工具体系。在这种背景下,深入理解顾客参与创新的原理和机制,对提升企业的创新绩效及核心竞争力有着重要意义。为此,本书紧紧围绕顾客参与服务创新这一主题,对顾客创造力这一变量进行了全面的解释和衡量。

本书主要探索的问题有:(1)顾客为什么要参与企业的服务创新?(2)创新绩效都是积极影响的吗?(3)支撑广大顾客主动积极参与创新的时间、能量和资源来自哪里呢?(4)企业应该如何发现、培养、激励顾客创造力的产生?为回答以上问题,本书采取了文献资料梳理、多案例比较分析和实证检验相结合的研究方法,从阐述顾客参与创新现象入手,系统地回顾和梳理了有关顾客创新管理的相关研究,重点诠释并探讨了有关顾客参与服务创新、创新氛围及顾客创造力等的研究。在此基础上,探究当顾客被邀请参与一项新服务开发项目时,其共创过程是如何产生的。本书的研究目标是通过探索顾客创造力的驱动机理解决实践及学术研究中存在的顾客参与对企业贡献行为的悖论。具体来看,第一,科学构建测量模型。通过文献回顾、专家座谈、企业实地走访、案例深度分析等途径,合理界定顾客参与服务创新情境下的创新氛围、创造性自我效能感、积极情绪以及顾客创造力等概念的内涵,参考国外成熟量表并在中国情境下做适当修正,构建出具有良好信效度的测量量表,为下一步的研究奠定良好基础。第二,通过探索性案例分析和大样本统计检验,实证研究顾客创造力的形成机制,全面理清顾客参与与顾客贡献之间的内在关系,以弥补现有研究的不足。第三,探索协调作用下的中介效应。通过 AMOS/SPSS/BOOTSTRAP 实证检验,深度探索顾客知识匹配度对以创造性自我效能感和积极情绪为两中介效果的调节中介作用,以便更为深入地理解顾客创造力的内在驱动机制。

从本书的结构来看,第一章为绪论;第二章为文献回顾与述评;第三章分别选取网络广告服务业(盘石网盟)、在线旅游业(在线旅游自助网"马蜂窝")、在线教育产业(乐高在线)、家用电器服务业(海尔海创汇在线平台)中的四家代表性企业,通过案例研究和实证分析,识别出从顾客创新获取、顾客创新识别、顾客创新知识共享到顾客创新实施的顾客参与服务创新过程中的顾客创造力驱动机理模型。在第四、第五章中,从理论与实证两个方面深入地研究了顾客创造力/创新绩效及其内在产生机理,对顾客创新动机、创新氛围、创造性自我效能感、积极情绪等顾客相关因素进行了深入剖析,探讨了创新氛围中保健型和激励性两大类因素与顾客创新绩效,即顾客创造力之间的关系,并剖析了顾客知识匹配度在其中所发挥的作用。第六章为实证研究。第七章在文献回顾、深度访谈和实证分析的基础上,立足于中国情境的独特视角,研究顾客创造力的驱动机理,并从企业筛选、管理参与用户的方式、方法上提出一定的建议或意见,以提升企业实践能力。

研究结论如下:(1)企业营造良好的顾客在线参与的创新氛围,如更多的知识分享传播、更精确的任务导向、更自由的赋权和支持、更强有力的激励制度等,都将促进参与者的积极情绪和创造性自我效能感,促进有益的新观点的产生与同化,提升创造力。同时,当顾客原有的知识储备本身与参与项目一致性高时,将进一步促进顾客创造力的提升。(2)积极情绪和创造性自我效能感起到部分中介作用,揭开了顾客参与服务创新的根本原因及心理驱动机制。完全以金钱或认可为动机的参与行为并不是顾客参与的原动力,参与过程中积极的情绪体验及自我价值感的实现,如快乐、幸福感才是持续参与的根本动因。(3)顾客知识匹配度对创造性自我效能感与顾客创造力起到调节作用,也对积极情绪和顾客创造力起到调节作用。本研究对进一步深化理解中国情境下顾客/消费者参与行为及现代企业服务创新的理论与实践提供一定的指导或借鉴意义。

浙江树人大研究团队从 2000 年开始致力于现代服务业研究,是国内较早专门从事服务经济领域研究的学术团队之一,是浙江省重点创新团队,"浙江省现代服务业研究中心"是浙江省哲学社会科学研究基地,"应用经济学"学科是浙江省"十二五"重点学科,本专著是上述创新团队、基地、学科和专业建设的成果之一。

衷心感谢浙江省科技厅软科学项目(2020C35063)的资助支持,感谢浙江树人大学科研处、教务处各级领导的关心和资助支持,感谢学术界同仁的无私帮助,感谢研究团队所有成员的辛勤付出。

目　录

第一章　绪　论

第一节　研究背景

一、实践背景

（一）全球竞争加剧引发顾客价值共创

如今，世界经济正融合为一体，商品、货币、信息、人员、技能、服务和思想的跨国自由流动已经是大势所趋，无可阻挡。新技术的出现，尤其是网络时代的电子通信技术，使企业之间的竞争更加透明化，产品生命周期日益缩短，更新换代更加频繁，基于价格与适销对路的产品与服务的竞争变得空前激烈。企业必须重新探索满足顾客需要的新方法，因而在产品或服务的适应性、合作性、创新性和反应速度等方面对企业提出了越来越高的要求。各类创新型企业与外部的利益相关者之间在跨时空概念下的关联变得更加紧密，各种创意和知识资源也在以前所未有的速度传播与共享，从而要求企业必须在持续改进与激励创新之间保持动态的平衡。面对企业内外部关系的颠覆性变化，企业边界也在动态变化，企业仅仅依靠内部资源和既有资源，已经很难再创造价值。这就要求企业从社会的角度认识资源，重新认识企业的价值创造、传递以及获取，尤其要把顾客价值共创作为企业新的盈利点，在全新的商业生态中，正确处理企业内部资源与顾客资源的关系，进行社会资源再组合。任何企业，无论其规模或实力有多大，都必须从与顾客的合作中谋求竞争优势，顾客或消费者已经成为企业产品创新模式中不可或缺的力量。

(二)后工业化时代,服务业异军突起

随着世界经济的快速发展,人类社会已进入"服务经济"时代,服务业的发展水平已经成为衡量现代社会经济发达程度的重要标志。美国、日本、西欧等发达国家的服务业占比普遍达到60%~80%,服务业成为促进经济增长,吸纳就业的第一大产业(蔺雷等,2006)。在新的历史条件下,尤其是在我国实施自主创新发展战略、建设创新国家和构建和谐社会的大背景下,发展服务业已经成为国家层面的发展战略。但与此同时,我国服务业在内部结构和总体实力上还存在较大问题。从我国服务业的技术和知识含量来看,劳动密集型的服务企业仍占主导地位,技术和知识密集型的企业所占比重很低。从劳动力就业增长方面来看,传统服务业如零售业等增长较快,科教文卫及新型服务业增长缓慢。不断变化的客户需求和日益增长的服务种类,使产品生命周期越来越短,激烈的市场竞争使得服务创新成为企业获取竞争优势的重要来源。而大力发展服务业,提升服务创新的质量和层次,形成完备的服务行业体系,是满足这种需求的有效途径之一。与此同时,区分商品与服务变得越来越困难,Vargo等(2004)提出"服务主导逻辑"(Service Dominant Logic)理念,提出商品与服务并不是彼此对立的,物质商品可以被视为传递服务的工具(李雷等,2013),工业企业也在进行着大量的服务创新,并提出了以10个基本命题为核心的服务主导逻辑理论体系。

(三)在线网民数量不断攀升,为在线服务业顾客参与奠定基础

移动互联通信技术的日渐成熟,促使消费者在线参与成为可能。截至2019年6月,我国网民规模达8.54亿,较2018年底增长2598万,互联网普及率达61.2%,较2018年底提升1.6个百分点;我国手机网民规模达8.47亿,较2018年底增长2984万,网民使用手机上网的比例达99.1%(引自CNNIC第44次报告)。中国互联网行业整体向规范化、价值化发展,新增加的网民群体中,低龄(19岁以下)群体的占比为46.1%,便携易用的智能手机成为生活必备,较好地满足了人们社交、学习和娱乐的需求。随着网络环境的日益完善和各类移动互联网软件的开发和应用,从各类App到微信公众号、微信群、微信电话等,没有任何一家企业可以避开现代通信技术的冲击。有专家指出,未来所有的企业到最后都是在线服务企业,而企业的目标就是为顾客提供某一

方面的一整套服务解决方案。

（四）我国顾客参与服务创新的条件已日渐成熟

在现阶段的中国消费市场,新生代消费者(80 后、90 后、00 后)已逐渐成为消费主体。较 60、70 年代的消费群体,他们的知识文化层次普遍提升,有相关领域一定的知识或技能,许多有才能的消费者本身就是某一行业的能人,他们可以裸辞,也可以不在乎工资的多少而拼命工作。他们做事情的初衷是兴趣或爱好,创新企业只要能营造具有吸引力的创新氛围,如自主赋权、知识共享等,就可以建立一支充满动力且成本低廉的兼职"员工"队伍。此类消费者参与心理需求条件成熟,对消费过程中的被认可、被尊重、被重视感的要求更为强烈。整个消费导向正在走向定制化和个性化。在我国,阿里巴巴、易迅、大众点评网、携程网、小米手机等 B2B、B2C、C2C 电子服务企业正积极拥抱此类顾客,与他们合作开发创新产品和服务。消费者在虚拟空间中以多种方式建立关系,分享产品使用经验。他们清楚地知道自己想要什么和如何改进产品以满足新需求。小米的联合创办人黎万强说,传统的顾客和企业之间的关系,要么是企业"给顾客下跪",顾客是上帝;要么是企业高高在上,"让顾客下跪",仿佛在说"我们的产品最好,不喜欢就滚"。小米之所以能成功,是因为小米把客户和自己放在同样的高度上,小米和顾客交朋友、一起玩,因为今天不是单纯卖产品的时代,而是卖参与感。

二、理论背景

（一）资源基础观理论下,顾客资源被视为一种稀有资源

依据资源基础观理论,顾客资源已成为企业保持竞争优势的不竭动力。现代服务创新中对顾客资源的要求更为明显。新产品开发及成功推出之所以困难,是因为长久以来,由顾客掌握着需求信息,而由企业方掌握着技术资源。企业和顾客之间的"信息连接"不通畅,成本高,时间限制大,争夺顾客资源成为提升企业竞争力的主要手段。企业多数情况下也仅是通过电话回访或问卷调查的方式了解顾客的所思所想,从而维护客户关系,但大规模、高频率的顾客参与企业创新项目是不太可能的。作为现有解释企业成长现象最为有力的理论之一,资源基础观理论使企业探究特殊异质资源的来源、竞争优势的持续

性、资源的不可模仿性及特殊资源的获取与管理,特别是该理论使研究开始关注到企业的外部知识源。研究者开始注意到不仅是企业内部员工,而且外部需求异质性和需求动态变化对企业破坏式创新和竞争优势有着特殊意义。

(二)移动互联时代下的开放式创新

20 世纪 70 年代以后,面对现实存在的非均衡的、动态的复杂经济系统,内生增长理论已无法做出合理的解释,于是美国经济学家熊彼特引入创新的外部性战略,即开放式创新理论。他指出,单依靠企业内部创新部门的研发管理至多仅能带来渐进式创新,而无法获得异质知识产生的突破式创新。企业应该扩大创新源,管理和激励外部创新。外部创新包括合作社区和竞争市场两种,涉及合作企业、科研机构、竞争者及顾客等。一类创新是基于过去的基础和持续积累的知识。比如半导体研究协会(SRC)是一个由企业、政府和学术机构组成的联盟,由这个机构引导硅片技术的发展和半导体制造商的持续的知识积累。另一类创新需要一组技术手段,通过大量实验来实现突破,这是竞争性市场最适合解决的问题。未来的商业竞争不只是个体的竞争,还是商业生态和种群的竞争。在数字化商业情景下,企业与顾客、企业与企业、企业与员工之间的关系都在发生着变化,需从企业自身创造价值演化到商业生态系统创造价值。因为,快速变化的市场和技术环境下,企业根本没有太多的时间去"单打独斗",企业必须团结一切可以团结的力量,创建开放式创新生态系统。开放式创新需要以更开阔的视野,在更大范围内整合创新资源,这对我国企业而言具有十分重要的启示和借鉴意义。特别是,随着信息通信技术的快速发展,顾客或消费者参与变得简单易行,以生产者为主体的创新模式正向多主体互动创新模式转变,以创新为目的的"虚拟实验室""虚拟品牌社区"等各种虚拟组织应运而生,越来越多的顾客不受地域和时间的限制,参与到线上服务创新项目中。从项目筹资、创意提出、服务产品设计、市场推广到售后反馈,由企业开发的创新工具箱、互联网虚拟服务平台等都遍布顾客参与的身影。

(三)价值共创理论

长期以来,价值一直是企业和顾客共同追逐的对象。相应地,价值创造与交付也一直是理论界和实务界共同关注的核心。经济技术条件的变化,使得顾客的角色发生了根本的转变。顾客不再是被动的消费者角色,他们对于产品和服务的要求更加多变、苛刻和个性化。一方面,顾客越来越推崇与众不同的个性化产品;另一方面,在同质产品的消费上,顾客也有追求个性化消费模式的倾向。顾客在产品、服务、渠道、沟通等方面的选择余地空前加大,对企业的忠诚日渐下降,市场的控制权和选择权逐渐由企业转移到顾客手中。顾客成为社会与文化构架的重要组成部分和企业增强网络的关键环节,同时扮演着产品的共同开发者、经营的合作者和价值的共同创造者等多重角色。营销管理领域从 1.0 时代进入了 3.0 时代(见表 1-1)。实际上,目前已经有无数领先企业展示了价值共创理论的威力。如波音公司启用"风险共担、利益共享"的全球协作模式,由传统的飞机制造商变身大规模供应链集成商,把分散在全球的设计商和制造商团队整合成一个高度复杂和组织严密的合作系统;Linux通过公开源代码在服务器业务上击败了微软公司;Google、亚马逊、YouTube、MySpace 以及我国的小米手机企业等均从合作创新和维基经济学中获益良多。

表 1-1　营销 1.0、2.0 和 3.0 时代的综合对比

	营销 1.0 时代 产品中心营销	营销 2.0 时代 消费者定位营销	营销 3.0 时代 价值驱动营销
目标	销售产品	满足并维护消费者	让世界变得更好
推动力	工业革命	信息技术	新科技浪潮
企业看待市场方式	具有生理需求的大众买方	有思维和选择能力的聪明消费者	具有独立思想、心灵和精神的消费者
主要营销概念	产品开发	差异化	价值
企业营销方针	产品细化	企业和产品定位	企业使命、愿景和价值观
价值主张	功能性	功能性和情感化	功能性、情感化和精神化
与消费者互动情况	一对多交易	一对一关系	多对多合作

资料来源:菲利普·科特勒,等.营销革命 3.0[M].毕崇毅,译.北京:机械工业出版社,2011:5.

由表 1-1 可以看出,以产品为中心的营销 1.0 时代,企业将消费者的需求视为简单同一的生理需求,因此不需要与之建立联系,只关注生产即可。关系营销 2.0 时代,企业通过与消费者互动寻求未被满足的市场和需求。在当今的价值驱动合作营销 3.0 时代,借助互联网技术,消费者从价值接受者的角色

变成价值创造的积极参与者。企业直接从合作消费者那里获取创意知识,设计出基于消费者的体验、创造力和满意度的产品或服务,企业的创新绩效将在一定程度上由消费者对创新的贡献力来判断。

(四)服务主导逻辑

由于服务业的生产和消费同时性等特征,在服务创新的过程中,顾客参与成为一个非常重要的特征。在这种模式中,服务企业根据市场中的顾客需求进行创新,每个创新均可以看作对市场需求的一种反应。在此背景下,2004年,Vargo 提出了服务主导逻辑(service-centered dominant logic)。他指出,营销学的研究范式需要改变,技术和知识提供的服务取代有形商品成为所有交易的基础,商品只是价值创造的媒介和服务的道具;企业不能单独提供和传递价值,价值的创造要求与顾客的互动和资源共享,顾客是价值的共同创造者(Vargo,2004)。服务主导逻辑与传统的商品主导逻辑的主要区别详见表 1-2。Von Hippel 等(2002)对领先用户在创新扩散中的作用有着深入研究,他发现几乎所有的主要新产品的设想以及 80% 的次要新产品的改进,都直接来自用户。他在专著《创新的源泉》和《让创新民主化》中指出,消费者参与创新的热情和能力是一种不容忽略的重要资源,而未来市场用户的深度参与将从根本上改变创新范式的内在结构。

表 1-2　价值创造过程中商品主导逻辑与服务主导逻辑的区别

	商品主导逻辑	服务主导逻辑
核心价值	交换价值	使用价值
价值创造者	企业	企业,社会网络中的伙伴和顾客
价值创造过程	企业在产品和服务中加入价值	企业在产品和服务中提供价值建议,消费者在使用中完成价值创造
价值创造目标	增加企业财富	通过服务实现双赢
价值的评估	以价格为主要衡量标准	用实用收益和社会收益衡量
企业的角色	创造价值供顾客消费	提供价值建议
顾客的角色	使用或消费企业提供的价值	与企业共同创造价值

资料来源:Stephen L V, Paul P M, Melissa A A. On value and value co-creation:A service systems and service logic perpective[J]European Management Journal,2008(26):145-152.

第二节　问题的提出和研究的意义

一、问题的提出

虽然一些企业开始试行顾客参与创新管理模式,但绝大多数企业面对信息技术的巨大冲击和参与热情高涨的顾客时仍不知所措。部分试水的企业发现,顾客参与服务创新并不总是存在积极效应的。由于顾客个体与企业层面间存在信息知识、资源技术等方面的不对称,顾客受先验知识、顾客经验所限,顾客参与也会带来大量的冗余知识,另外,由于顾客参与创新互动,顾客自身及一线服务人员需要投入大量的时间、精力、费用等,一定程度上延长了服务创新周期,并给员工带来一定的工作压力和重负,在一定情境中,导致整体服务效率降低(葛米娜,2016)。例如,互联网广告企业的代表之一"盘石网盟"针对顾客开发的广告设计创新工具箱"七巧板"就出现了一些负面效应,由于顾客知识、技能有限,有时他们并不能为自己参与开发的服务产品买单,无效的交互过程也在一定程度上延长了新产品的上市周期,顾客参与的质量和数量的良莠不齐,影响了企业新服务的开发及企业绩效的提升。事实上,这两种现象都存在合理性,也确实反映了企业实践中顾客参与的贡献不明确问题。

在全球竞争和新科技浪潮的推动下,企业战略观念和营销观念正在转变,一些企业受益于消费者参与创新这种新的商业模式,开始建设虚拟品牌社区,与消费者进行对话,对消费情境下顾客创造力及其行为的研究成为近期关注的焦点。尽管国内外学者对消费情境下的顾客创造力进行了一些相应研究,然而,通过文献梳理,我们发现相关的实践和理论还相对贫乏,还存在许多困惑和争议。

在企业实践上,第一,企业对顾客创造力和顾客参与的贡献行为之间的关系认识还比较模糊。在前期的实地调研过程中,我们发现许多企业只是把顾客参与作为一种宣传企业的噱头,并没有真正推行,因为他们发现实践中会遇到许多问题和困难,由于从未关注过不同特征、不同情境下顾客创造力的不同,对顾客参与的贡献难于衡量和把握,也就没有积极地使其参与服务创新。

也就是说顾客参与并不等同于顾客贡献。既然顾客创造力的大小与顾客贡献和企业创新绩效密切相关，那么，究竟什么是顾客创造力？它是天生的，还是可以后天激发培育的？企业的认识更是模糊而零碎。第二，企业对顾客及顾客创造力的管理及利用缺乏系统思考。由于顾客是名义上的兼职员工，不是正式员工，顾客管理与员工管理就会有很大不同。例如，员工在同一地区，可以管理，而顾客是分散在全球各地的，应该怎么管理？员工投入有工资收入，而顾客没有，应该怎么激励？员工有内部培训，而顾客没有，应该怎么培训教育？（葛米娜，2016）

在理论研究上，现有研究存在一些争议，具体表现为：（1）顾客参与服务创新与企业创新绩效的关系不明，有学者认为并不都是积极正向的。顾客参与和企业创新绩效之间的影响关系存在争议，影响作用尚未达成共识。而积极情绪体验与消费者创造力之间的影响关系也存在争议。有学者认为，在一定情境下，消极情绪体验也能引发人的创造力。（2）顾客创造力的概念界定及维度界定尚未统一。个体创造力的研究虽然已有很丰富的经验积累，然而，应用于营销领域的顾客创造力的维度界定至今还没有统一。（3）顾客创造力的内在驱动机理需要探讨。研究不同的顾客特性及不同的服务创新阶段下，企业创新氛围对顾客自身创造力感知的影响以及所激发的特定情境下的顾客创造力需要深入探讨。（4）支撑和能够合理解释顾客创造力的形成、结果的理论目前还比较缺乏，需要深入探寻和验证。

现有的研究还存在一些可以拓展的空间，之前的研究多是从顾客参与为企业带来创新绩效（市场绩效、财务绩效）角度阐述顾客参与重要性的，但对这种独特的共同创新过程研究较少，缺乏对顾客自身的创造力的评价。且已有研究多从知识管理角度出发，研究顾客参与中的知识转移与创新绩效之间的关系问题，但依据服务主导逻辑，把顾客看作一种操作性资源，是顾客知识、技能等的结合，且从顾客参与的维度划分来看，包括知识共享、共同开发、使用评价及推广等方面。单从顾客知识获取或知识管理角度出发进行研究明显是不充分的。

因此，研究顾客参与创新过程中创新质量或能力（顾客创造力）的衡量和提升是一个新的课题。为了最大限度地发挥顾客自身的主观能动性，针对不同特质的顾客建立行之有效的顾客参与遴选机制就显得尤为重要（高海霞，2014）。

二、拟研究的问题及研究目标

（一）本书拟研究的问题

基于以上困惑和争议，笔者列出了本书拟解决的问题，如：我国服务企业在进行服务创新的过程中，顾客创造力的具体内涵是什么？在服务创新过程中，顾客为什么会参与？顾客持续参与的动因究竟在哪里？网络环境下的创新氛围核心因素有哪些？企业方能做哪些服务工作以更好地促进顾客创造力的激发与提升？顾客知识与顾客共创和顾客创造力之间的关系如何？不同的顾客以及不同的产品或服务创新阶段，消费者创造力是一样的吗？物质激励与声誉激励对消费者创新行为是一样的吗？等等。

（二）本书的研究目标

根据研究问题，本书的研究目标是通过探索顾客创造力的驱动机理解决实践及学术研究中存在的顾客参与对企业贡献行为的悖论。具体来看，第一，科学构建测量模型。通过文献回顾、专家座谈、企业实地走访、深度案例分析等途径，合理界定顾客参与服务创新情境下的创新氛围、创造性自我效能感、积极情绪以及顾客创造力等概念的内涵，确定出相应测量条目，构建出适合我国国情的、具有良好信效度的测量量表，为后期研究奠定基础。第二，通过理论假设与实证检验，系统剖析创新氛围各维度对顾客创造力直接及间接影响，以更为全面地理解创新氛围对顾客创造力的驱动作用，理清顾客参与与顾客贡献之间的内在关系，对现有研究形成有益补充。第三，深度探索特定情境下的调节效应。通过理论分析与实证检验，深度探索顾客知识匹配度对创新氛围各维度与顾客创造力各维度的调节效应，以更为深入地理解顾客创造力的内在驱动机制。

本书主要以在线服务企业为研究对象，研究网络环境下服务企业在线虚拟社区中的创新氛围营造对参与顾客的创造力培育与激发的问题，结合案例研究，建立起创新氛围、创造性自我效能感和积极情绪与顾客创造力的关系模型，并对该模型进行实证研究，来增进及弥补对相关研究领域的理解和应用。

三、研究的理论意义及实践意义

(一)研究的理论意义

第一,可以强化社会学习理论在顾客创造力领域的应用;第二,可以拓展并深化国内外有关创新氛围与顾客创造力的维度界定及量表开发;第三,将心理学的社会学习理论、沉浸理论与顾客参与理论进行有机结合,打开创新氛围与顾客创造力之间的"黑箱",从而解释目前学术界存在的顾客参与与顾客贡献的悖论。

(二)研究的实践意义

第一,只有在网络环境下,顾客才能摆脱传统的时空约束,产生大规模、零距离的互动,并通过企业的培育和激励,形成有实践价值的顾客创造力。研究可以深化企业对顾客参与作为服务创新绩效影响因素的正确认识,指导它们进行更为有效的顾客参与管理,为企业充分激发、利用和管理顾客创造力提供理论依据。

第二,相对传统的客户知识获取或客户关系管理研究,顾客创造力的研究是研究顾客与企业共同开发过程中,顾客自身如何将内隐的顾客需求转变为外显的有企业价值的创造力,顾客自己设计自己需要的新服务,最大限度地提升了由顾客参与所带来的服务创新绩效,从而提高了企业新服务转化效率,而且就企业实践来说,更具现实意义。

第三,有效解决了企业面临的现实实践问题,即如何营造有利于激发顾客创造力的创新氛围,提升顾客创造性的自我效能感以及积极的情绪体验,以网络互动平台的交互形式,实现合理利用"兼职员工"异质性知识,提高顾客创造力,并最终提高企业绩效、企业竞争力。这些都具有很强的现实意义。

第四,从制度创新角度为推动企业转型升级提供理论和实践指导。企业转型升级一向是理论界和实务界关注的热点问题,从目前的研究来看,学者们从宏观经济角度对该问题的关注较多,从中小企业微观角度探索转型升级的研究则相对较少。而区域经济的转型升级应该是建立在大量的中小企业转型升级的基础上,本书以互联网企业的顾客参与服务创新为研究重点,将有助于实现区域经济转型升级。

第三节　研究对象与核心概念界定

一、研究对象

本书的研究对象为参与服务企业在线服务创新过程中的顾客。互联网时代，人的行为和交往方式都发生着巨大变化，人们对计算机、手机和互联网的依赖越来越大，在大数据、智能制造、移动互联、云计算技术的推动下，数据的大规模搜集、传输、存储、分析和应用变得更加容易，数十亿人可以轻松实现连接，共同进行社交讨论，共同分析信息，共同网上购物。要为顾客提供有竞争力的、满意度高的产品或服务，就必须更加贴近顾客，挖掘在线顾客的各种需求，从在线企业自主创新走向与顾客联合创新，营造提升顾客创造力的良好氛围。

二、核心概念界定

(一)创新顾客参与创新

"创新"这个词是指"创始""首创""做出前所未有的事情"，"创，始造之也"。"创新"作为一个明确的概念，是由美籍奥地利经济学家约瑟夫·熊彼特在其著名的《经济发展理论》一书中提出的。他认为，经济发展过程应该是一个动态均衡的过程，特别指出了顾客对企业产品或服务所提出的新设想或进行的新改进，例如，零部件制造商对自己所使用的加工设备进行加工改进，那么这种改进对于提供生产加工设备的制造商来说就是一种顾客参与创新。

(二)价值共创

根据 Lusch 等(2007)的研究理论，价值创造是指客户创新的发生通过共享创新、合作设计或共享相关产品的生产，与其他合作伙伴形成的价值网络。他们认为顾客对未来新服务提出的想法或创意，在一定程度上可能比企业的产品生产者提出的更具有创造性。Alam 和 Perry(2002)也认为用户摄入可以产生更好的产品或服务及创意。Witell 等(2011)对共同创新定义为：客户积极参与开发过程，贡献自己的需求和信息，或对未来的服务或产品提供建议。

从"我能为你做什么"到"你能和我一起做什么",在开放式创新中的研究发现个体有强烈愿望进行知识、经验、感受及创意的分享(Hertel et al.,2003)。

（三）个体创造力

1950 年,美国南加州大学的著名心理学家吉尔福特(Guilford)在《美国心理学家》(*American Psychdogist*)杂志上发表了"Creativity"一文,开启了心理学界对创造力、创新和创新行为的研究。关于创造力的定义,心理学界并未达成一致。大家公认的创造力定义指向三个特征:个体特质、行为过程和成果产出。目前,对创造力的内涵界定主要有三种代表性的观点,分别是创造力的人格定义、过程定义和结果定义。第一,创造力的人格定义。代表人物为吉尔福特,他把创造力看作某些特殊类型的人所具有的个性特征,如较强的好奇心、动机、自觉性、独立性、求知欲、观察力、意志力、专注力,丰富的想象力,广泛的兴趣和敏锐的直觉等。第二,创造力的过程定义。主要代表人物有凯斯特勒(Koestler)、斯滕伯格(Sterberg)等。他们把创造力看成一个特定的活动分析和解决问题的过程。第三,创造力的结果定义。代表人物有匈牙利心理学家米哈里·契克森米哈(Mihaly Csikszentmihalyi)等。他认为在人类的所有活动中,创造最能给我们满足感,我们的语言、价值观、艺术表达、科学知识和技术等,都是个体的创造被认可、奖励,并通过学习得到传播的结果。当代美国心理学家、创造学家,哈佛商学院企业家管理小组负责人特瑞莎·阿玛拜尔(Amabile,1983)在创造力定义问题上,也直接采用较为实用的产品定义方法,即果一件产品是新颖的(newsness or originality)、有效用的(usefulness or appropriateness),那么它就是具有创造性的。Amabile(1983)提出了创造力的组成成分理论,她还根据个体间差异,开发并完善了工作偏好量表。之后,有大量学者研究了创造力问题。

（四）顾客创造力

伊丽莎白·赫希曼(Hirschman),于 1980 年在 *Journal of Consumer Research* 杂志上发表"Innovativeness, novelty seeking, and consumer creativity"一文,是最早出现的研究用户创造力的文章,她指出用户创造力是指在消费领域里个人提出、解决问题的能力。Burroughs、Mick(2004)提出当企业在面对新颖的消费趋势等问题时,顾客创造力显得尤为重要。例如,顾客参与各种 DIY 活动,自制汉堡、蛋糕、点心等食物;顾客利用企业提供的基础编程软件或语言自行制作音乐、视频短片等;顾客自行设计旅游线路;顾客利用各种拼搭积木,创意设计机器人等电子设备。本书中一般认为,顾客创造力是指个体产生新奇独特的、有社会价值的产品的能力或特性。

（五）顾客知识匹配度

李雷和简兆权（2013）基于资源观（资源优势理论和核心能力理论）的视角探讨了服务主导逻辑的产生原因,指出操作性资源（知识、技能）是竞争优势的根本来源,并指出可以用服务生态系统观来解释相关领域出现的新问题。然而,顾客知识水平并非均匀分布于每个顾客。高知识匹配度的顾客自身拥有的知识储备与参与创新项目所需知识和技能相匹配,如在开源社区中,有着计算机知识背景的参与顾客相比于有着文学知识背景的顾客更能够创新产品的各个层次,可以适应制造商生产能力范围内无限的创新空间,他们创新的不仅仅是具有某些新功能的产品,甚至是全新产品（王莉,2012）。顾客参与时也可能经历不舒适和无力感,特别当他们的知识受限而无能为力时。在这种情况下服务创新中的参与合作可能就收不到良好积极的效果。

（六）创新氛围

West（1987）首次提出了创新氛围的概念,是指组织成员对影响其创新能力发挥的工作环境的认知（常亚平,2013）。在此定义的基础上,根据本书的研究主题及目标,本书将用户在线参与服务创新情境下的创新氛围定义为用户感受到的企业鼓励其参与与其产品或服务相关的创造活动的气氛或环境。

（七）自我效能与创造性自我效能感

自我效能（self-efficacy）是由美国心理学家班杜拉（Bandura）于 20 世纪 70 年代率先提出来的。他认为,自我效能是指个人对自身能否完成某一活动的能力判断和信念,而这种判断和信念又能影响人们对行为的选择和所投入努力的大小,并最终决定其在特定活动中所表现出的能力。创造性自我效能感指个人认为自己生产创造性产品或服务的能力及程度。李西营等（2012）认为如果个体能对自身新颖的、原创的想法产生认同,并自信地展示出来,那么他就是具有创造性自我效能感的。创造性表现,像其他的一些行为一样,第一步,首先需要判断自己是否有这样的能力,以及在多大程度上可以实现这样的行为;第二步才能做出这样的行为,这就是自我效能感(Bandura,1997)。

(八)积极情绪

积极情绪是指一个人的快乐感受,它是由内外部刺激事件满足个体需要而产生的一种内在愉悦的情绪。积极情绪能激活行为的总体趋势,具有启动和扩展认知能力、构建个体资源能力、降低消极情绪水平等功能,促进组织绩效。广义上的"情绪",包括了情绪和心境两部分,情绪较短暂,心境较持久稳定且缺乏一定的行为取向(艾树,2011)。在营销消费领域,积极情绪是指消费者获得的成就感、满足感、享乐感等(Prahalad,2004)。

第四节　研究方法和技术路线

一、研究方法

选择什么样的研究设计方法,首先必须明确要发现的东西,其次是采用最好的方法进行研究。研究范式一般分为定量、定性和混合范式。不同研究范式的选择应从研究问题的本质、研究者的世界观、接受的训练和经验、研究者的心理特征等方面考虑,选择最为合适的。本书的研究重点是从顾客心理角度出发,探讨顾客参与服务创新过程中顾客创造力的形成机制。因为相关研究在国内刚刚起步,一些关键的概念界定还比较模糊,因此,拟通过质性研究与定量研究相结合的方法,以"文献梳理与理论推演—质性研究(探索性案例研究)—提出假设—问卷调研—实证分析—形成结论"的研究思路逐步深入。

(一)文献梳理与理论推演法

广泛阅读国内外相关研究文献,找出现有的有关"创新氛围""顾客创造力""顾客创新行为"等核心变量的相关研究,结合心理学创造力理论、管理学资源基础观理论、社会认知理论、沉浸理论等相关理论,同时,通过重点精读与泛读,对以下权威管理学杂志 *Academy of Management Journal*(*AMJ*)、*Academy of Management Review*(*AMR*)、*Strategic Management Journal*(*SMJ*)、*Journal of Management*(*JOM*)、*Organizational Science*(*OS*)、*Management Science*(*MS*)、*Administrative Science Quarterly*(*ASQ*)、*ARS*、

Research Policy 等涉及顾客参与企业创新、消费者创新、消费者创造力、顾客参与创新的质量管理等文献进行阅读,初步确定顾客创造力的驱动机理模型,为研究网络环境下企业营造的虚拟创新氛围对顾客创造力的影响及形成机制研究打好文献基础。

(二)网络日志法

网络日志法是案例研究的一种方法,特指对在线企业研究所采用的方法。本书以四个在线服务企业为例,运用网络日志法研究虚拟品牌社区中消费者的服务创新行为,笔者以虚拟品牌社区注册会员的身份参与式观察虚拟品牌社区中消费者的创新行为,如提出的新服务创意、现有服务或产品的改进意见、试用反馈及评价等,通过网络日志观察,初步提出消费者创造力的维度、企业营造的创新氛围的维度,为修正有效测量量表、验证本书的研究模型和假设做准备。

(三)访谈法

自行设计半开放及深度访谈提纲,通过深入企业内部,与一线服务员工及企业核心创新部门的员工进行深入的交谈,利用录音笔等设备记录访谈内容并进行梳理,发现研究问题,理清研究思路,确定核心研究构面的内涵及外延,如创新氛围,并形成本书的整体研究框架。

(四)问卷调查法

对在线参与服务创新的顾客进行问卷调查。内容包括虚拟创新氛围、创造性自我效能感、积极情绪、顾客创造力和人口统计学变量等方面。本书通过线下前测问卷,找到具有线上互动论坛参与服务创新经历的人。然后邀请每个参与者填写纸质问卷,描述在参与企业的服务创新过程中对创新氛围的感受、个人的参与体验、自我效能感及实际创造力的自陈式评价。通过顾客互动交流平台,找到服务产品的问题和新的创新点,目的是调查创新服务的品质和种类。

(五)统计分析法

运用 Spss 22.0、Amos 22.0 软件进行了相关统计分析和假设检验。首先,本书使用难以直接度量的知识共享、虚拟赋权、任务导向、在线激励、创造性自我效能感、积极情绪和顾客创造力等假设构面潜变量作为一种重要的模型要素,结构方程模型技术能够充分地体现其蕴含的要素信息和相互影响作用。其次,结构方程模型能检验多个中介变量的中介作用效果,这种特点符合"企业在线创新氛围各因素对顾客创造力的影响机理"研究的基本思路和要求。最后,本书还采用了 Process 统计插件,用 Bootstraping 方法检验了模型中调节作用下的中介效果,更加准确科学地分析了假设模型中的中介和调节变量。

综上所述,本书采用理论分析与实证分析相结合的方法,以结构方程模型技术和 Bootstraping 分析方法,验证了顾客知识匹配度对以创造性自我效能感和积极情绪为中介变量,以顾客知识匹配度为调节变量的调节作用下的中介效果,相比于传统的 Barron&Kenny 的三步检测法和 Sobel Test,Bootstraping 更准确地提升了中介效果的检测力,较好地达到预期的研究目的和研究效果。本书采用的研究方法见表 1-3。

表 1-3 本书采用的研究方法汇总

研究的构面	研究方法	创新点
基于知识共享的创新氛围	文献研究;网络日志;半开放访谈	形成虚拟创新氛围的测量量表
基于虚拟赋权的创新氛围	文献研究;网络日志;半开放访谈	
基于任务导向的创新氛围	文献研究;网络日志;半开放访谈	
基于在线激励的创新氛围	文献研究;网络日志;半开放访谈	
创造性自我效能感	问卷调查;Bootstraping	实证分析创造性自我效能感与创新氛围、顾客创造力的关系,及其中介效果
积极情绪	问卷调查;Bootstraping	实证分析积极情绪与创新氛围、顾客创造力的关系,及其中介效果
顾客创造力	文献研究;网络日志;半开放访谈	形成顾客创造力的测量量表,并分析它与前因各变量间的关系效果
人口统计学变量对消费者创造力的影响	问卷调查;分层回归统计分析	实证分析人口统计学变量对消费者创造力的影响

二、研究框架与技术路线

本书的研究框架与技术路线见图 1-1。

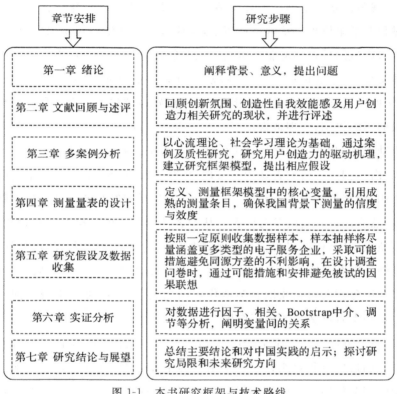

图 1-1 本书研究框架与技术路线

第五节 研究的创新点

本书通过文献研究法、深度访谈法和网络日志法等，确定研究的核心变量，通过英文量表的双向互译、专家头脑风暴、问卷预试等方法确定研究的正式测量量表、概念模型和研究假设，并通过探索性跨案例研究和大样本实证分析，对预期的研究假设进行了验证总结。笔者认为，本书可能存在以下四个方面的创新。

（1）理论创新。在前人研究的基础上，本书对顾客参与的不同贡献效果问题做出了新的理论分析和较全面的理论解答，拓宽了个体创造力、社会学习理论、心流理论等理论的内涵外延及应用范围，细化了顾客参与理论的应用条件，使服务创新、顾客创新研究进一步深化。

（2）视角创新。本书从顾客创造力视角更为细致地研究顾客参与服务创新的过程及结果机理。从网络环境下，企业营造创新氛围视角出发，揭示了顾客创造力产生的外在环境驱动机制。顾客创造力的产生不仅来源于顾客自身的个体特征，更重要的是在一定情境下，通过外在环境驱动内在心理形成自发、持续的顾客创造力。创新氛围的提出，很好地解释了外在环境—个体—行为结果的影响机制，合理地揭示了顾客作为兼职员工持续参与、产生创造力的内在驱动机制，弥补了网络环境下顾客创造力研究的空白。

（3）内容创新。研究者认为并发现，顾客在服务或产品创新的不同阶段发挥的作用，顾客创造力是不相同的。因此，企业要首先明晰自己服务创新所处的阶段，然后选择合适的参与顾客。从顾客持续参与的动机及互动过程来看，企业创新氛围的营造，得益于基于保健性的知识共享、虚拟赋权、任务导向，基于激励性的顾客奖励等四个核心要素。本书提出顾客创造力的概念，解决了顾客参与服务创新对企业创新绩效作用的相关争议，明确了消费者同质或异质知识对消费者创造力的调节作用。

（4）研究方法创新。本书采用 Bootstraping 分析方法，验证了顾客知识匹配度对以创造性自我效能感和积极情绪为中介变量，以顾客知识匹配度为调节变量的调节作用下的中介效果，相比于传统的 Barron&Kenny 的三步检测法和 Sobel Test，Bootstraping 更准确地提升了中介效果的检测力，较好地达到预期的研究目的和研究效果。

第六节　本书结构和内容安排

在吸收前人研究成果的基础上，本书沿循"环境—个体—行为结果"的研究路径，深入探讨基于社会学习理论和沉浸理论视角下的创新氛围对顾客创造力的内在驱动机理。根据研究思路，本书的章节结构与具体内容如下。

第一章：绪论。阐述本书的背景和意义，提出具体研究问题、目标、对象、内容、思路和可能的创新点,明确本书所采用的技术路线及本书章节安排。

第二章:文献回顾与评述。对创新氛围、创造性自我效能感、积极情绪及顾客创造力等文献进行回顾。以此为基础,对这些文献进行评述,总结现有研究的成果、不足和争论点,明确进一步研究的思路和方向。

第三章:通过对四个不同行业的在线服务企业开展的服务创新活动的跟踪调查,以探索性案例研究的方法,探讨顾客参与服务创新过程中的创造力影响因素、参与特征等。

第四章:理论与假设。对本书所涉及的诸如创新氛围、创造性自我效能感、积极情绪、顾客知识匹配度及顾客创造力等变量之间的关系进行相关文献的梳理,明确框架模型构建的理论基础,然后提出相应理论假设。

第五章:研究设计与方法。通过国内外相关文献,借鉴成熟的量表,并根据中国情境下的特殊性,对原始问项进行删减和补充,确定预试量表。然后根据专家访谈和实际预试中出现的问题再对调查问卷的问项进行一次完善补充,形成最终量表。

第六章:数据分析与讨论。利用 SPSS、AMOS 统计分析软件及Bootstraping 方法,检验数据的信效度,对相关研究假设进行验证,理清变量间的相关关系、因果关系及调节中介关系等,对检验结果进行深入讨论。

第七章:结论、启示、局限性及未来研究方向。在总结研究结论的基础上,阐述本书的主要理论贡献与管理启示,并指出研究局限,明确未来研究方向。

第二章 文献回顾与述评

笔者通过设定 consumer/customer/user innovation、consumer/customer creativity、creative climate 等检索词,通过一站式检索综合数据库,搜集到了大量的相关文献。在阅读摘要、关键词的基础上,筛选下载了以顾客创造力、顾客参与服务创新、顾客涉入为核心关键词或研究对象的研究文献。这些文献主要来自 *Journal of Behavioural Sciences*、*Journal of Marketing*、*Journal of Service Research*、*Creativity Research Journal*、*Journal of the Academy of Marketing Science*、*Journal of Consumer Research*、*Journal of Product Innovation Management*、*Creativity and Innovation Management* 等期刊。本章界定了顾客参与、顾客参与服务创新、网络环境下创新氛围、创造性自我效能感、积极情绪、消费者创造力等核心构面的相关研究,分析现有研究的不足,为本书找到方向和创新点。

第一节 顾客参与研究

国内外学者对顾客参与的研究最早开始于 20 世纪 70 年代末,并从多个角度进行了探究。

一、顾客参与的内涵及维度界定

国内外学者从不同角度给出了顾客参与的定义,早期的定义都强调顾客参与是顾客在服务传递过程中不同程度的投入。Silpakit & Fisk(1985)认为顾客参与是顾客产品和服务提供过程中的三种投入,包括智力上、实体上和情感上的努力与投入。Kelley(1990)将顾客的这种参与行为进行了具体化,指出顾客在服务中的参与可通过信息的提供以及自己的努力等方式来实现。Dabholkar(1990)将顾客参与定义为顾客"在场介入"的程度。Alam(2002)确定了顾客参与的关键要素,包括目标、阶段、强度和参与模式四部分,然后对12家服务公司的这些要素进行调查研究,并根据调查结果,开发了一个用户参与新服务开发的项目活动清单。Kristensson(2002)认为顾客参与是指服务提供者与目前或潜在的顾客在服务开发的项目层面或计划层面合作,以预测顾客的潜在需求,并开发新服务(张童,2013)。Ellen & Enkel(2005)通过对医疗技术行业企业的探索性案例研究,从企业实践角度确定了顾客参与的内涵和维度。Hsieh & Yen(2005)把顾客参与定义为:顾客在服务的生产与传递过程中以时间或精力、信息提供、合作生产的形式提供资源的程度。综合前人的研究,相关学者对顾客参与的维度划分及定义汇总见表2-1。

表2-1 国内外学者关于"顾客参与"变量的维度划分及定义研究汇总

学者(年份)	顾客参与维度			
Fang(2008)	信息提供者(CPI)	共同开发者(CPC)		
Grune、Homburg(2000)	企业以面对面、电话网络等各种方式互动	参与产品创新的时间	参与产品创新的频率	参与产品创新的程度
Ennew、Binks(1993)	信息分享	责任行为	人际互动	
Silpakit、Fisk(1985)	精神参与	智力参与	实体参与	情感参与
Kelley Donnelly、Skinner(1990)	获取服务相关信息	发挥努力的形式		
Mills、Morris(1986)	维持关系互动	任务互动	人际互动	
汪涛、望海军(2008)	信息提供	消费频率	合作生产	

资料来源:笔者根据文献整理。

二、顾客参与的动机与影响因素

Bagozzi & Dholakia(2002)提出了顾客参与的两个关键因素:主观规范和社会认同。他们指出顾客参与的动机来自个体及社会两方面的决定因素。

Lovelock & Young(1979)认为部分消费者主要是为了减少服务传递的时间。Bowers 等(1990)认为,顾客因为自身参与提供了自助式的服务,减少了交易所需的成本,减轻了等待服务时期的无聊与焦虑,进而获得了更高价值的服务。Franke & Von Hippel(2003)在对有关市场细分的文献进行梳理时发现,由于顾客需求差异大,出于风险和能力等因素的考虑,供应商可能无法或不愿意生产顾客独特需求的产品,从而为顾客参与创新提供了直接动机;而且由于代理成本的存在,许多顾客虽然需要个性化的产品并且愿意为开发付费,但他们仍然经常自己为自己开发相应的产品,而不是请制造商为其定制。我国学者张文敏(2012)基于组织顾客,研究顾客参与的前因变量与结果效应,研究显示,独特性需求、感知风险、信任和顾客知识是顾客参与的前因变量。概括来说,本书认为以下三个因素在顾客参与创新的动机中发挥了重要作用:一是现有产品无法满足顾客的需求;二是代理成本的存在;三是信息黏性。Von Hippel(2002)指出,信息黏性是指信息从一个地方转移到另外一个地方以供使用所产生的"增量成本"。因创新需要的关于需求的信息和有关解决问题方法的信息常常表现出很强的黏性,而顾客掌握着有关自己需求的信息,且有时很难描述清楚,因此在创新所要求的技术与成本不是很高的情况下,他们往往会表现出自己创新的倾向。

三、顾客参与的结果

顾客之所以参与,是因为他们能获得一定的收益。顾客参与的结果通常就是顾客收益。Luthje(2004)对户外运动器材领域顾客参与的调研结果表明,顾客获得了专利及商业化的利益。Hars 等(2002)在基于 Linux 操作系统顾客社区的研究中发现,顾客参与开源软件的开发不但使他们如愿以偿地使用上了他们满意的产品,而且获得了满足感、胜任感及成就感,即 Frank 等所指出的"用户设计的创新效应",这不仅增加了顾客对企业创新能力的感知,而且激发了顾客的社会认同和自我展示、自我强化的需要,他们在外部回报中获益,如从销售相关产品和服务中获利,获得了人力资本的提升、自我营销,以及其他人的认同。张文敏(2012)研究也发现顾客参与对顾客自身的价值体现具有很大的促进作用。

第二节　顾客参与服务创新研究

一、服务创新界定

与制造业部门一样,服务部门也是产品、过程、组织、技术和市场的集合体,因此也包含了多种与制造业相似的创新形式,同时由于服务本身的特性,服务创新又与其他创新有很多不同的独特形式。在服务创新研究早期,学者们关注服务创新的概念内涵和类型划分。其中一个根本性的发现是,服务创新是一个具有广泛范畴的概念,技术只是其中的一个可选维度而非必要维度(Hauknes,1998)。首先,虽然服务业中也包含了产品创新、过程创新等一般创新形式,但它们的内涵与制造业的产品创新和过程创新有着本质区别。服务是无形的,可以只由方法或过程组成,而不包含任何技术维度和有形成分,这种无形通常不被人察觉。其次,服务创新活动中存在着大量针对顾客的专门创新或定制化创新,具有明显的不可复制性。最后,某些服务创新特别是公共部门中的创新具有很强的社会维度。这样的创新不能只从量的多少或市场价值的高低进行评价或衡量,而要通过社会价值的增加来描述。国内学术界在 2002 年后开始接触服务创新研究领域,并于 2005 年出现了一个"量"上的飞跃,但在"质"上的进展却乏善可陈。从研究内容上看,典型的研究是国外的在其逆向产品周期模型中指出的,技术是驱动服务创新的主要因素,如银行业 ATM 机的普遍应用,图书馆自助还书系统以及 AFED 射频技术的引用等,传统服务行业如宾馆、清洁、运输业等由于新技术的引入产生的创新。蔺雷和吴贵生(2004)引进了服务创新的"四维度模型"(技术、新服务概念、新顾客界面、新服务传递系统)。张宇等(2005)针对服务创新类型的研究进行了归纳和阐述,发现服务中的创新形式多种多样,在内容与形式上与制造业有很多区别,特别是专门化创新、形式化创新、重组创新是服务业特有的。由于现阶段的服务创新研究缺乏理论指导,概念界定较模糊,难以衡量,且与制造业创新在概念内涵、产生机理、表现形式、组织管理等各方面都存在较大差异,学者们需要采取不同的态度和方法进行深入的研究。

二、顾客参与服务创新概念解析

关于顾客参与服务创新,学者们已经做了大量的前期研究,主要从企业、顾客、归因、知识等视角探索界定。笔者对主要的研究团队及其观点做了粗略的整理,见表 2-2。

表 2-2　国内外学者团队对服务创新中的用户参与的研究

代表学者(年份)	主要创新点
Alam(2002)	指出了用户参与服务创新的维度,包括用户参与目标、用户参与阶段、用户参与强度和用户参与模式四个维度。四维度模型为学界内较为认同的模型
Von Hippel(2002)	用户参与服务创新提供了创新新颖性、市场接受度,尤其是领先用户发挥了很大作用
Amabile(1983)	提出创造力的社会心理学理论,并做了大量相关研究
Broughous(2004)	消费者的积极情感也可以加强消费者的创造力,进而影响消费者的满意度和购买意愿
Csikszertmihalyi(1999)	创造力及心流理论
Sternberg(2009)	全面系统介绍创造力的内涵、前景及研究范式等
Vargo、Lusch(2004)	提出服务主导逻辑,强调顾客导向的重要性
Hirschman(1980)	首次提出顾客创造力,并进行了系列研究
蔺雷、吴贵生(2007)	用户在整个创新阶段中充当着创新来源、合作生产者、影响者、评价者以及竞争者的角色
卢俊义、王永贵、姚山季(2011)	界定了用户参与服务创新和知识转移的内涵,并分析了用户参与知识转移的理论基础
张若勇(2007,2010)	在服务交互的情景下,基于知识转移的视角,提出了用户参与的三个维度如何影响用户知识转移,并进一步影响服务创新绩效的研究框架
钱坤、孙锐(2014)	选取小米社区作为研究案例,采取扎根理论方法进行探索性研究
张红琪、鲁若愚、周冬梅(2010,2013)	构建了服务创新过程中用户知识管理的测量量表
李雷、简兆权(2012,2013)	网络时代的电子服务开发

续表

代表学者(年份)	主要创新点
范秀成(2012,2014)	用户参与在不同情境中会表现出不利于价值创造的负面影响,从而导致用户参与效果的不确定
汪涛、徐岚(2011)	在概念形成和测试阶段,用户参与对于企业产品开发的意义颇为突出;在技术开发阶段,企业则必须依赖自身的技术资源而不能指望用户提供的技术方案
范钧(2011)	用户(领先用户)参与对用户满意、用户公民行为有积极影响,并通过知识转移,提升新服务开发绩效

资料来源:笔者根据文献整理。

Hsieh & Yen(2005)将顾客参与定义为顾客在服务生产与传递过程中提供资源的程度;Nambisan 等(2002,2009)强调了虚拟顾客环境(virtual customer environments,VCE)概念,并指出企业应构建虚拟顾客环境,如提供在线论坛、虚拟设计工具箱、原型制造中心等服务来吸引顾客在线参与创新,并引导顾客在新产品(服务)开发各阶段担任不同的角色;Fuller(2006,2008)、Chan(2010)强调了"基于社区的创新"(community based innovation,CBI)概念,指出顾客是服务创新必不可少的外部源,并分析了如何将在线社区成员融入新服务开发。总的来看,因为顾客参与企业服务创新,顾客和企业方均需要付出一定的时间、精力和物质成本(和征等,2016),所以任何一方当认为付出大于收益时就都不愿意推行顾客参与创新的运营模式。兴趣来源于竞争优势,在消费领域,顾客持续参与的兴趣就来源于对自身创造力竞争优势的感知。

三、顾客参与服务创新的模式研究

顾客在线参与模式方面,主要有基于社区的创新(Fuller,2006,2008;Chan,2010)、顾客价值共创(Prahalad et al.,2004;Dennis et al.,2005;Ramaswamy,2008;Nambisam et al.,2009)、顾客创新工具箱(Hippel et al.,2001,2002;Franke et al.,2004;Jeppesen,2005)等模式。Alam(2002)提出了用户参与企业创新的四维度模型,包括用户参与目标、用户参与阶段、用户参与强度和用户参与模式四个维度,奠定了研究基础;Von Hippel(2008)对领先用户进行了大量研究,特别指出领先用户对于企业创新的重要作用;国内学者蔺雷、吴贵生(2007)在《服务创新》一书中指出用户在整个创新阶段中充当着创新来源、合作生产者、影响者、评价者以及竞争者的角色,为国内用户创新的研究开了先河;卢俊义等(2011)界定了用户参与服务创新和知识转移的内涵,并分析了用户参与知识转移的理论基础;李雷、简兆权(2013)研究了服务主导逻辑下线上消费者参与新服务开发的机理;范钧(2013)、楼天阳(2011)研究指出用户参与对用户满意、用户公民行为有积极影响,并通过知识转移,提升新服务开发绩效。通过上述文献研究发现,服务创新中的顾客参与特征及参与模式日渐成为研究者的主要关注点。目前对用户参与服务创新的研究多集中在对服务创新绩效、知识转移等中介作用的研究,而对用户参与的管理、参与服务创新的心理过程及绩效评价方面还比较欠缺,相应的理论研究还有待加强。

四、顾客参与服务创新的影响因素研究

王永贵等(2008)根据马斯洛五层次的需求论,把顾客参与社区和分享创新信息的动机概括为内部动机和外部动机,其中内部动机是来自与心理相关的动机,而外部动机是来自与环境有关的动机(见图 2-1)。

(一)需求驱动

顾客进行创新主要是为了寻找满足个人未被满足的需求的途径。企业主要是靠销售产品来获利的,通常通过大规模生产以较低的成本来满足大多数人的需求。在消费经济时代的今天,顾客的需求差异变得越来越大,出于风险和能力等方面的考虑,市面上没有合适的产品或服务提供给顾客是顾客参与服务创新的首要原因。

(二)利益驱动

Nambisan(2007)认为顾客对服务创新的贡献源自顾客对利益的理解,不仅能获得经济收益,还能获得社会和心理收益。与创新社区相关的利益有成就感、社会认可、声望和地位、互惠互助、社会归属感、社会资本;与媒介相关的利益有自我效能感、乐趣、享乐等。汪涛(2009)从自我决定理论、认知评价理论视角研究顾客参与的动机,顾客参与服务创新能有效帮助服务企业拉近与顾客之间的距离,为顾客带来了一定程度的满足感和愉悦感。Auh 等(2007)

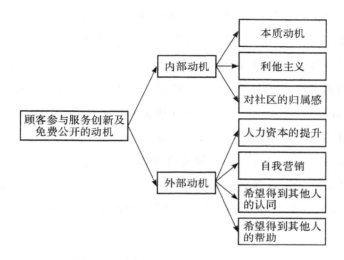

图 2-1　顾客参与服务创新的动机分类

资料来源：王永贵，高忠义，马剑虹.创新用户社区的运行机制及其管理研究[J].
珞珈管理评论，2008，2(1)：186-194.

发现互动沟通质量、雇员专业性、顾客的情感承诺、互动公正感知正向影响个
体参与服务生产的意向。Luthje & Herstatt(2004)对工业品顾客和消费品顾
客进行了区分。他们认为，工业品顾客的创新利益预期包括：财务利益以及获
得竞争优势，如较低的产品成本、较高的产品质量以及创新的产品功能等；而
消费品顾客的创新利益预期则在于：参与的乐趣、更好地使用产品以及获得更
高的名望等。Franke & Shah(2003)在研究四种运动社区中的顾客创新动机
时发现，在社区内部，创新所需的信息和帮助以及创新的成果往往是自由共享
的。因此，获得财务报酬并非创新顾客的主要动机，他们更看重的是乐趣、挑
战、控制、好奇、社区归属感、利他主义等因素。Nambisan(2007)指出，顾客参
与创新可能是出于创新活动固有的吸引力，即创新活动能够满足他们的创造
性冲动需求以及对产品和技术的好奇心。

(三)信息黏性

顾客自己掌握着比较准确且全面的需求信息，但多为隐性知识，只可意
会，不可言传。所以在创新技术或成本方面的门槛不是很高的情况下，顾客会
选择自己完成创新。

在信息通信技术等科技日益发达和物质精神文化生活日益丰富的今天，顾客参与服务创新已具备了相应的成熟条件。不过，需要强调的是，工业品顾客与消费品顾客创新动因可能是不同的。类似地，不同的顾客，甚至相同的顾客在不同的消费情境下创新动机也可能是不同的。顾客利用企业平台参与创新，可以提升自己的创新能力，获取合作机会和个人提升空间。随着顾客参与服务创新日益成为创新领域中备受瞩目的一种重要的创新形式，对其绩效影响因素的研究也逐渐成为这个领域研究的热点。目前，顾客创新领域的研究大多数往往关注于顾客创新的原因和条件，以阐明顾客创新的优势及其对于企业的利益所在，而专门研究顾客参与绩效，如顾客创造力及其影响因素的研究则相对较少。

五、顾客参与服务创新的类型与方法

Alam(2002)指出企业有时会设计顾客工具箱，用于共同完成顾客参与服务创新的过程，产生了较好的效果。具体来看，由于顾客导向在服务企业中比在有形产品企业中更重要，所以服务企业中的顾客参与更常见，其方法通常分为以下三种。

（1）领先用户方法。企业先通过筛选或网络法挑选领先用户，然后组成领先用户小组，由企业研发团队与领先用户小组一起进行新产品概念设计。在此过程中，对企业来说最为关键的就是准确找到领先用户并发挥他们的创造性。

（2）顾客创新工具箱。服务或产品开发团队效仿工业企业，将模糊复杂的服务内容模块化或流程化，选取合适的顾客界面和方式方法以及使顾客能参与其中的各种小型软件、工具箱等。

（3）开放源代码社区。Hippel & Krogh(2003)认为，开放源代码社区实际上是一种"私人集体"行为。Hars & Ou(2002)的研究进一步指出，开放源代码软件的自愿奉献者存在着内在诱因（利他主义、兴趣和互利）和外在诱因（提升工作和拓展职业前景）。

第三节　顾客参与、知识转移与企业创新的绩效研究

一、顾客参与服务创新的积极影响研究

国内外学者从顾客参与的定义(Von Hippel,1978;Muller et al.,1993)、影响因素(徐岚,2007;Baldwin,2011)、参与过程机制(姚山季和王永贵,2011,2013;范钧,2013)、顾客知识管理与创新(张红琪和鲁若愚,2012)、参与结果(Von Hippel,2011)等方面进行了广泛的探讨,普遍证实了顾客参与对服务创新及企业绩效的积极影响(葛米娜,2016)。例如 Muller 等(1993)认为顾客在产品开发流程中扮演着极为重要的角色。Alam(2002,2006)认为为了找到并满足客户潜在的真正需求,企业应该向客户学习,并注重客户参与。现有研究确实发现,存在正相关关系的客户参与和市场发展的新服务开发速度(葛米娜,2017)。

Thomke & Hipple(2002),Syson & Perks(2004),Lagrosen(2005),Mishra & Shah(2009),Sigala(2012),Greer & Lei(2012),姚山季和王永贵(2010),苏楠和吴贵生(2011),刘石兰和郝斌(2012)等多数学者均强调了顾客参与对新产品(服务)开发的重要作用,如顾客在线参与能提高新服务开发(NSD,New Service Development)效率、降低开发成本、加快 NSD 进程,培育市场潜力、提高新服务的新颖程度和技术可行性(Dennis & Fowler,2005;Sawhney et al.,2005;Chan,2010),并增强顾客的满意度和忠诚度(Franke et al.,2003;Shang et al.,2006;Casalo et al.,2007)等。

二、顾客参与服务创新的消极影响研究

随着顾客参与与新服务开发研究的深入,学者们发现顾客参与并不总是产生积极效应的,学者指出由于顾客个体与企业层面间存在信息知识、资源技术等方面的不对称,不同的顾客参与同时会给企业带来大量的冗余知识。另外,由于顾客与企业之间在信息、行为、情感等方面的互动需要顾客一定的时间投入、精力投入等,这些投入作为顾客成本的增加和负面效应的提升,导致

整体服务效率降低。我国学者范秀成(2011)综述前人相关研究后指出,顾客参与导致服务不确定性/不稳定性的加强,影响服务提供的效率;顾客参与不一定能带来愉悦的情绪体验,他们会受到员工情绪感染;顾客参与与员工建立的关系并不一定带来关系价值的提升,可能受到文化因素和双方文化匹配的影响;顾客参与并不一定导致顾客满意(葛米娜,2016)。

总的来看,顾客在线参与有时并不能产生积极创新绩效的主要原因有:顾客泄露重要信息(Prahalad,Ramaswamy,2004;Fuller et al.,2006;熊胜绪等,2012)、增加 NSD 成本(Fang,2008;Hoyer et al.,2010)、顾客信息过载和过度依赖(Hoyer et al.,2010;熊胜绪等,2012)、顾客创意、思想或解决方案的可行性不强(Magnusson et al.,2003;范秀成,2011)、额外的资源投入(Agrawal,2001;Jeppesen,2005)等。另外,许多企业不敢或无法让顾客深入参与的原因可能在于顾客参与面临着企业和顾客双重的精力负荷、情绪疲劳,因而绝大部分企业没有真正实行(范秀成,2014)。本书的主要目的是探讨和分析顾客参与创新过程中真正能带来企业创新绩效提升的驱动因素或生成机制。基于社会学习理论视角,我们认为顾客在企业提供的创新平台中参与创新,会提升自身的创造能力,顾客创造力的提升是顾客参与能引起企业创新绩效提升的核心中介因素。

三、顾客参与服务创新过程中的知识转移研究

张若勇(2007)从服务过程中知识转移视角研究顾客参与和服务创新关系。卢俊义等(2009)基于顾客社会资本(结构、关系、认知维度)视角的研究发现,顾客作为"准员工",顾客社会资本起到中介作用。卢俊义等(2010)指出顾客人力资本包括技能、经验、知识、思想和教育。卢俊义和王永贵(2011)首次研究了知识转移过程中的各种边界条件(因果模糊性和冲突因素),其中因果模糊性源于三种知识属性:知识隐性、复杂性及特殊性。

第四节　顾客创造力研究

一、顾客创造力的衡量

20世纪80年代，创造力逐渐被引入管理学领域，大部分的学者从创造力的主体（普遍个体、员工、学生、科研人员、艺术创作人员等）、客体（服务或制造企业、科研机构、文化创意机构）以及手段进行了研究和探索，普遍认为创新动机、能力和态度、创新参与者所具有的知识本身以及创新的手段和工具等是影响创造力绩效的重要因素。有创造力的人并不只是什么"另类"人物，如画家、音乐家、科学家等，每个人都可以开始创造，比如设计软件、手工创作或制订一项市场策略等，都是在创造。企业欢迎消费者创新，以实际行动积极帮助消费者产品创新。在游戏行业的实践中，消费者可以进入热门游戏的加密软件，如Valve软件公司公开、积极地将源代码发布到网络社区，使"反恐精英"成为一款在网络上最火的消费者自由参与创新的游戏产品（Hellweg，2005）。

顾客创造力的概念界定方面，对个体创造力的界定主要有三种视角，即创造力的人格定义、过程定义和结果定义。人格定义将创造力看作某些特殊的个性特征或能力，如好奇心、自觉性、求知欲、想象力、直觉等（Gradner，1993）；过程定义则将创造力看成一个特定的活动分析和问题解决过程（Sterberg，1996）；结果定义在创造力研究中最具代表性和影响力，它主要从创造活动的产物来界定创造力（Amabile et al.，1983，1989，1996，2005）。Woodman & Schoenfeldt（1990）、Shalley（1995）、Oldham & Cummings（1996）、Zhou & George（2001）等学者均认为，创造力是产生新颖（novelty）而有用（usefulness）的产品、服务、想法或过程。Hirschman（1980）、Burroughs等（2004，2008，2011）、Moreau & Dahl（2005）、王莉等（2011，2013）、张辉等（2013）、曹花蕊等（2014）对顾客创造力进行了针对性研究，并大多从新颖性、功能性、恰当性等结果变量来界定顾客创造力。Franke & Shah（2003）在研究用户社区对用户创新的支持作用时，从新颖性、能解决紧迫问题的程度、市场潜力和商品化等这四个方面对用户创新的效果进行评价。结果发现，有 41.9％的用户认为他们的创新解决了很紧迫的问题；有 23.1％的创新成果已经或即将投入大规模使用。目前，心理学研究中的量表多是通过自陈量表如"我比别人有更多的创新想法"来测量顾客创造力的，如哈佛大学的心理学家 Amabile 的相关研究。另外，也可以通过衡量发散思维（divergent thinking）能力，即对于一个问题可以产生许多不寻常的想法的能力来间接测量创造力。

二、顾客创造力的影响因素

企业意识到顾客创造力的产生来源于顾客参与，而激发顾客积极参与企业服务创新的影响因素有很多，如顾客个体特征、情绪特征等内因，或工作任务特征、企业的创新氛围激励等外因（见图 2-2）。类似地，市场营销心理学家对顾客创造力的研究，主要是通过实验情境设置，使用学生样本，获得影响消费者创造力的各种因素。

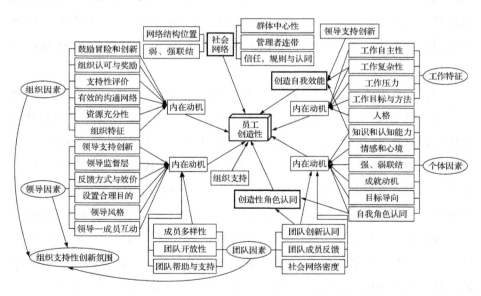

图 2-2　员工创造性形成机制全模型

资料来源：王先辉，等.员工创造性：概念、形成机制及总结展望[J].心理科学进展，2010(5)：760-768.

（一）顾客特征分类研究

一个特别聪明、爱学习、对陌生知识有好奇心的人，将倾向于拥有更高的创造力水平（George et al.，2007；Oldham ＆ Cummings，1996）。Gruner ＆ Homburg（2000）界定了四种对创新有重要意义的顾客，即技术吸引型、财务吸引型、关系亲密型和领先用户型；Hemetsberger ＆ Pieters（2001）在开源软件社区研究中，根据贡献程度将顾客分为主要贡献者、贡献者和普通用户三类；Brochoff（2003）将顾客分为启动型、领先用户型、参考型、需求型和首先购买型五类；Fuller 等（2006）、Chu ＆ Chan（2009）、Chan（2010）、曾晓洋（2011）分析了 NSD 过程中不同顾客特征及其作用；张红琪和鲁若愚（2010）提出了四种参与服务创新的顾客类型，即领先型、成长型、逃避型和滞后型；王永贵（2011）把顾客分为需求驱动型、信息黏性驱动型、利益驱动型三类。

（二）工作特征

工作自主性、工作压力、工作复杂性或挑战性会影响个体创造力。当个人从事具有挑战性或复杂的工作时，他们可以产生强烈的内在动机，提高他们的兴趣，从而激发高创造力（Farmer，2003）。

赵晓煜和孙福权（2013）建立了网络创新社区中顾客参与创新行为的影响因素模型，归纳出 8 种影响顾客参与创新的内部和外部因素，就如何有效管理和激励网络创新社区中的顾客参与创新行为提出建议和对策。张燕等（2011）从对组织内创造力的界定出发，系统总结了影响组织内创造力的个体因素、团队因素和情境因素，形成组织内创造力的研究框架。他们认为未来组织内创造力的研究重点是跨文化研究、跨层次研究、对情境变量调节作用的研究、对阻碍创造力因素的研究、动态化研究（见图 2-3）。

（三）情感特征

在消费情境中，自我效能感和创新性也会影响创造力。研究发现，消费者的积极情感也可以加强消费者的创造力（Burroughs ＆ Mick，2004），进而影响消费者的满意度和购买意愿。如 Moreau ＆ Dahl（2005）的研究发现，在实验情境下，对一个创造性任务的精力投入和时间限制影响消费者处理信息进程，进而影响到创造力。Burroughs ＆ Mick（2004）也运用实验法，研究了消费情境中创造力的前因和结果因素。研究发现，两个情境因素（即时间限制、情

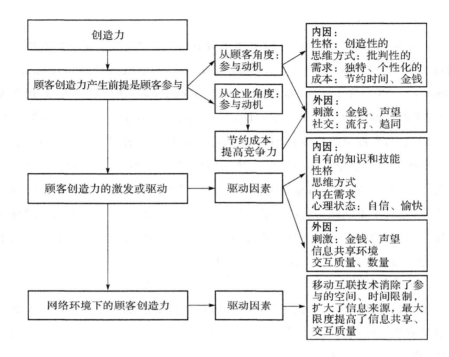

图 2-3　基于文献整理的顾客创造力研究思路

境参与)和人的因素(即控制点、逻辑思维能力)影响消费创意,且各因素之间也有交互作用。以上的前期研究获得了一定的研究成果,然而前期研究对于管理者应对消费者创造力的态度,激励或支持方式研究目前较少。

三、顾客创造力对服务创新绩效的影响研究

在学术网站搜索有关顾客创造力的研究文献后发现,大部分有关创造力的研究是针对企业组织(耿紫珍,2012;何小洲,2012)、员工、学生(常亚平,2013)而开展的(见表 2-3、图 2-4)。综合来看,在我国的市场营销领域,专门针对顾客创造力的研究,仅有少数学者予以了关注。在顾客创造力对服务创新绩效的影响方面,Horn & Salvend(2006)指出,服务创新可以看作一个企业与顾客共同创造的过程,其中顾客自身创造力的变化是 NSD 成败的重要因素;王莉和任浩(2013)的研究,验证了虚拟创新社区中消费者互动和知识共享对消费者群体创造力的正向影响;在 Lan(2007)、Pitta & Fowler(2005)、Fuller

(2007,2011)、Kohler 等（2009）、王莉等（2011）、张辉等（2013）、曹花蕊等（2014）的理论或实证研究中，均分析或验证了在顾客参与创新过程中，顾客创造力对服务创新绩效的积极促进作用。随着顾客角色的转换，市场营销领域里对消费者创新机制与创造力进行研究的兴趣在逐渐增强。Pehlivan & Berthon(2013)认为公司的一个最基本的决策就是在它的活动领域里应该具有什么功能和开展什么活动，以及其中的哪些活动应该依靠市场去执行。在新的业务外包的范式下，技术不再是一个被动的"物质"，而是一个主动的力量。研究将顾客创造力维度添加到传统的外包内涵中，指出它是影响产品创新的一个重要因素。Foss & Laursen(2011)指出，在创新研究中，由于知识变得异常重要，通过与用户或消费者接触以提高企业的创新能力变得尤为突出。在一个创新情境中，公司想要平衡用户或消费者知识，必须设计一个内部组织管理实践系统来支撑，特别是通过密集的横向和纵向的交流鼓励员工分享和获取知识，给员工高的决定权等新组织管理实践。他们从丹麦 1000 家公司中选取了 169 家作为研究样本，研究结果表明新组织管理实践在顾客知识和创新绩效中起到了完全中介的作用。Henker 等（2014）对 279 名员工进行纵向调查，运用路径模型方法检测最初的假设。研究发现，促销关注在变革型领导和员工创造力之间有显著的中介作用；创造的过程投入部分中介促销关注和员工创造力。Han-Jen Niu(2013)选取中国台湾五大类服务行业中的 626 名员工作为研究样本，通过描述性统计分析及分层回归分析等，表明工作满意度影响员工的创新行为，并在员工特性与创新行为之间起到调节作用。Plangger & Robson(2014)研究发现，消费者有很多方法可以促进产品和服务创新，然而并不是所有的作品都有同样的创造力。消费者对可口可乐的创造力可以划分为两个维度：新颖性和实用性。这些维度形成 4 种类型的消费者创造力：低价值使用、销售使用、不寻常的使用、潜在的销售使用。每种类型对于公司及品牌发展都有一定的风险和机遇。研究对如何应对这些风险和机遇进行了讨论。高艳玲等（2014）回顾总结了心理学领域个体创造力研究的重要理论框架，讨论了个体创造力的理论与实证研究的现状与趋势。

表 2-3   顾客创造力文献归纳

研究流派	研究领域	代表作者	主要内容
心理学中有关个体创造力的研究	心理学中有关个体创造力的研究	Getzels & Jackson, 1962; Kirton,1976; Amabile,1997; Sternberg,1999	人本主义学派；认知主义学派；行为主义学派；能力—认知心理—环境的整合观
市场营销和其他管理学科中有关个体创造力的研究	个体消费者创新研究	Herschman（1980）；Urban & Hippel（1998）；Ennew & Binks（1999）；Prahalad & Ramaswamy（2000）；Von Hippel（1998,2001）；Franke & Piller（2004）；Hienerth（2004）	个体消费者创新的形式、创新的意义、创新途径等方面
	消费者创造力研究	Norman（1976）；Schrank & Abelson（1997）；Simon（1979）；Hirschman（1980）	消费者创造力的内涵及维度
	消费者创造力的前因及结果研究	Burroughs（2001,2004）；Moreau & Dahl（2005）	消费者创造力的作用、来源、约束条件等方面
	基于顾客知识视角的顾客创新研究	Nonaka & Takeuchi（1995）；Nonaka（1994）；Nambisan & Agarwal（1999）；Gibbert（2002）；Nambisan（2002）；Christopher（2007）；Blazevic & Lievens（2008）	基于知识的顾客创新、顾客知识内涵、顾客知识创造的途径等方面
	领先用户研究	Urban & Hippel（1998）；Lawrence & Low（1993）；Roberts & Hippel（2000）；Franke & Shah（2003,2006）	领先用户的概念、领先用户的影响、领先用户的衡量等方面
	顾客创新工具箱研究	Von Hippel（1990）；Agrawal（2001）；Franke & Hippel（2003）；Shah（2000,2003,2004）；Franke & Piller（2004）；Jeppesen（2005）	顾客创新工具箱的含义、评价、使用等方面

资料来源：笔者根据文献整理。

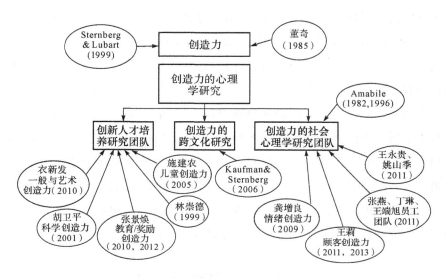

图 2-4 不同研究领域中的创造力研究

资料来源:笔者根据文献整理。

综上所述,在企业管理研究领域,创新绩效的研究主要集中于企业层面,一般是指对企业技术创新活动的效果和效率的评价。比较而言,对于顾客创新的管理、激励及衡量的研究还相对欠缺。(1)对顾客参与的研究,已有研究多关注参与行为对企业创新绩效的单向影响(多为正向),一些学者也提出了顾客参与的双刃剑问题,但它并不能解决大量顾客参与企业实践的问题,绝大多数企业不愿也不知道如何邀请顾客有效参与。(2)将心理学中个体创造力研究引入企业管理领域,国内学者之前多关注的是员工创造力、领导创造力等问题,对市场营销细分领域的消费者创造力研究还处于起步阶段,已有少数的顾客创新、创造力研究主要是从某个侧面分析消费者创造力及创新绩效的影响因素,例如信任、心理授权、激励机制、管理模式等,没有从整体上把握,系统性不强,因此,结论的实践应用比较差。(3)此外,研究在很大程度上忽略了创造力在日常消费中的应用,已有无数证据表明,创造力是解决许多共同问题的核心所在,是满足人类基本需求的关键,许多产品的巨大成功都归功于消费者的创造力。相关的研究成果也十分零散,理论探索和实证研究都相当匮乏。正如 Burroughs & Mick(2004)所指出的,创造力在消费者行为领域具有尚待深入研究的重要性。相应的,如何在相关行为学科领域(特别是心理学)中有关创造力(creativity)、猎奇与创新性(innovativeness)研究的基础上,把现有的计划行为理论与创新扩散理论结合起来,进一步提炼出有关顾客创造力的一般模型和建构并完善消费者创新理论体系,显得非常重要和迫切。笔者认为,顾客参与并不是决定企业创新绩效提升的关键因素,而只是前提条件。顾客参与中所激发出的创造力才是企业创新绩效提升的关键所在,也是解决和指导现代企业做好顾客参与管理的核心所在。因此,本书从消费者自身创造力视角出发,深入理清消费者参与行为对消费者自身创造力的影响;创新氛围对于创造力影响的内在激励同样有待进一步深入的探索,包括影响机理的分析和实证验证等。深化顾客创造力的研究具有较大的理论及实践意义。

第五节　创新氛围研究

在过去的 30 年中,心理学家和社会学家都非常关注氛围这一概念,大量的实证研究及综述类的研究出现(Campbell et al. , 1970;Schneider, 1990)。尽管对于氛围的研究兴趣在不断增长,但仍有两个问题困扰着学者们:一是关于氛围概念的界定;二是氛围维度的准确衡量(West,1996)。许多关于氛围的定义被提出,但是仅有两种视角的定义受到了学者们的认同。一是个人认知模式视角;二是组织成员的共享感知视角。前者将氛围定义为个人对他们自身工作环境的建设性的认知,并且尝试揭开与他们工作环境最密切的个人感知构建来对氛围进行操作性检验(James & Sells,1981)。在个人层面的关注之外,其他学者强调了作为支撑氛围的共享感知的重要性,更确切地讲,氛围是组织政策、组织实践和程序共享的认知。但是,采用此种定义方式的学者遇到的困难是必须获得能充分揭示最低认同水平标准的、组织成员真正共享的感知。原则上,基于个人认知视角和组织成员共享感知视角的方法是互容的,而不是相互排斥的。West(1987)首次提出了创新氛围的概念,并将其界定为组织成员对影响其创新能力发挥的工作环境的认知;Amabile 等(1989,1996,2005)认为组织创新氛围是组织成员描述组织是否具有创新环境的主观体验;Anderson & West(1998)认为团队创新氛围是团队成员对团队创新工作环境的描述性共享认知,这种认知具有行为导向性;Zhou & Shalley(2008)、顾远东和彭纪生(2010)、连欣等(2013)、王艳平等(2014)、孙锐(2014)也给出了类似的界定。

一、创新氛围的维度划分

Ekvall(1983)开发了创造性氛围量表,以评价组织中支持创造性和革新的情境因素。Amabile 等(1996)开发了包括鼓励创新、自由自治、资源、压力、创新障碍五个维度的创新氛围评价量表。West 等(1998)根据四因素理论,将创新氛围分为组织价值观、参与安全、任务导向和创新支持四大类,并设计出具有较好的信度和效度的量表。我国学者常亚平等(2013)从导师创新性、导师魅力、学生成熟度、学生经验开放性、师生关系、团队认同感六个方面探讨了研究生团队创新氛围的影响因素。Anderson & West(1998)编制了包括愿景目标、参与安全感、任务自主性、创新支持、社会称许性五个维度的创新氛围量表;高鹏等(2009)、顾远东和彭纪生(2010)、王艳平等(2014)、孙锐(2014)等也根据相关研究情景,对创新氛围进行了相应的维度划分和测量。

二、创新氛围的营造问题

作为企业可控因素,创新氛围需要合理设计和运用。Foxall(1995)指出,环境变量在消费者的创新中扮演着重要角色。Yu & Yu(2013)运用跨层分析法,研究了知识共享、组织气氛和创新行为之间的关系。他们以中国台湾的金融、保险行业为例,研究了个体层面的知识共享和员工的创新行为、组织创新氛围和个体之间的相互作用程度。分层线性模型显示出知识共享和创新行为之间有着显著关联,积极的组织创新氛围和员工创新行为之间有着显著联系。David & Schneider(2014)提出了整合的服务氛围理论,为未来的研究指出方向和范围。他们指出,服务氛围的建造首先不同于与之相关的服务文化、服务导向等,然后在先前研究的基础上提出了一个研究框架,展示了服务创新氛围的前因变量、结果变量以及它们之间的联系。Francesco 等(2012)通过对化学和制药公司 186 名员工的实证调查,研究了两类社会支持(主管支持、同事支持)在促进或阻碍员工的承诺和行为变化中的作用。他们指出这种作用是稀缺和不一致的。结果显示,积极主管和员工之间的关系支持影响员工的情感承诺和创新行为,但仅仅在高的同事支持的情况下才能产生。Maruping & Magni(2012)构建了团队氛围、团队创新技术研发及使用的多层次模型,采用田野调查法,以 56 个工作团队中的 268 名员工为调研对象。研究发现,两类组织创新氛围在对员工创新意愿的影响上发挥着不同作用。并且,在较强的学习氛围和授权氛围下,员工的创新意愿会大大增强。另外,女性和男性对团队创新氛围的反应不同,男性对授权氛围的反应不明显,而女性则有显著反应。他们提出,一方面,管理者应该考虑利用团队学习氛围刺激员工从事创新探索;另一方面,管理者应该谨慎防止使员工有太多额外的责任,可以通过一组扩展的责任和期望培育团队授权氛围,并且企业应该特别关注创新团队成员在性别构成上的差异。Turnipseed & Turnipseed(2013)对美国西部地区金融服务行业的员工进行问卷调查,实证研究探讨了创新型组织氛围与组织公民行为之间的关系。研究显示,公民行为的参与层次与创意想法密切相关。忠诚的公民行为与参与风险负相关,顺从的公民行为与创新想法负相关。由于组织公民行为与组织的创新氛围特征密切相关,因此需要重新审视组织公民行为的研究框架。Muhammet & Muzaffer(2014)通过调查来自 Bosnia & Herzegovina 私立研究院的 213 名员工发现,道德氛围和员工的教育水平对他们的工作满意度有正向影响,道德氛围和道德型领导与组织承诺正相关,但是员工的教育水平与他们的组织承诺及满意度负相关。Fuchs & Schreier (2011)首次实证研究了"外围"顾客是如何感知客户授权的。在新产品开发中的客户授权被划分为两个基本维度:(1)授权顾客产生新想法来进行新产品设计。(2)授权给客户新产品设计的选择权,由他们选择生产哪种产品。研究采用了三种不同的产品种类:T 恤、家具和自行车。结果发现,顾客授权的两个维度都促进了感知顾客导向的增加、更高的顾客欢迎度及更强的顾客参与行为导向。王永贵等(2011)依据认知评价理论,采用实验法探讨了消费者参与创新体验情境下影响胜任感与自制感的关键因素以及消费者个性的调节作用。

综上所述,不同情境下、不同主体间,创新氛围的概念范围及维度划分均是不统一的,如何准确定义、分析多层面的创新氛围仍是难点(Anderson,

1998)。服务创新氛围的研究之前主要应用在组织行为学/人力资源管理中，前期学者对创新氛围的影响研究多集中在员工、学生等方面，而对开放式创新氛围下顾客参与的影响未见涉及。未来的研究包括进一步细分变量及其关系，如个体的相对角色及情景化的创新服务氛围，用服务创新氛围的研究框架分析了不同服务管理领域的问题，制造业中的服务注入、价值共创、可持续竞争优势以及形成更多的跨学科研究。

第六节　创造性自我效能感与积极情绪研究

积极心理学关注个体如何能够表现更好、更积极、更幸福和快乐。自从Seligman & Csikszentmihalyi(2000)发表开创性的文章，引入积极心理学概念以来，积极心理学发展得非常快。为了更好地揭示顾客参与企业服务创新的内在动力机制，本书引入了积极心理学中的两个重要变量：创造性自我效能感和积极情绪体验。

一、创造性自我效能感的概念界定

Bandura(1977)提出了自我效能感概念，并将其定义为：人们对自身能否利用所拥有的技能去完成某项工作行为的自信程度。Tierney & Farmer(2002,2004)提出了创造性自我效能感理论，并指出创造性自我效能感是个体对自己能够生产创造性产品或服务的能力及程度的一种主观评价，是对自身的觉察和认同。Choi(2004)、Jaussi 等(2007)、顾远东和彭纪生(2010)也对创造性自我效能感做出了类似的界定。本书中的创造性自我效能感指个人认为自己能够生产创造性产品或服务的能力及程度。关于创造性自我效能感的影响因素，Bandura(1977)指出，环境因素和情景条件会影响个体的自我效能感；Gist 和 Mitchell(1992)、Garder(1993)认为，个体对环境资源及制约因素的评价，是影响创造性自我效能感的重要因素；Tierney & Farmer(2002,2004)的研究发现，创新氛围对研究人员的创造性自我效能感有显著正向影响；Shalley等(2000,2009)的研究表明，组织支持能有效提高员工的创造性自我效能感；顾远东和彭纪生(2010)在组织创新氛围对员工创新行为的研究中，验证了组织创新氛围对员工创新自我效能感的显著正向影响。

二、积极情绪体验的概念界定

同样,有积极情绪体验的参与顾客也是具有较高满意度的顾客。案例研究发现,积极情绪体验能够有效地提高顾客的满意度。Plutchik(1982)、Oliver(1993)、Russell(1987,1996)、Kalyan(2000)、Blossom & Dudley(2001),对情绪体验及顾客情绪体验进行了类似的界定,但目前尚无统一的定义。Prahalad(2004)认为在顾客参与服务过程中,积极情绪体验(positive emotional experience)是指顾客在互动合作中形成的成就感、满足感、愉悦感、享乐感等。在积极情绪体验的影响因素方面,Zhou(1998)、Farmer 等(2003)、Gilson 等(2005)、Shalley 等(1995,2000,2009)的研究表明,当得到合理授权、激励、知识共享传递等组织支持时,挑战性或复杂性工作能增强员工兴趣,并产生积极情绪体验。Amabile(1997,2005)认为,创新氛围的鼓励创新、自由自治、资源支持等因素,能增强员工创新过程中的积极情绪体验;张辉等(2013)指出,授权能改善顾客在参与创新过程中的情绪体验。在积极情绪体验对顾客创造力的影响方面,Abele(1992)的研究显示,快乐情绪下的个体会比悲哀心境下表现出更大的思维流畅性;Isen(1999)的实验研究验证了积极情感与个体的独创性存在正相关关系;Grawitch 等(2003)指出积极情绪能促发更多的创造性反应;Prahalad(2004)认为顾客独特的情绪体验需求的满足程度,会影响其创造力;Amabile(2005)的纵向研究发现,员工的积极情绪体验会正向影响其创造力;Burroughs 等(2008)、曹花蕊等(2014)指出,深受环境影响和情景依赖的动机、情绪等,是影响顾客创造力的重要因素;Davis(2009)的元分析结果表明,与中性和消极情绪相比,积极情绪更能促进创造性,但是这种影响受创造性任务类型的调节。此外,Gasper(2003)的研究结果恰恰与主流观点相反,消极情绪也有助于提升创造力;Bass 等(2008)指出积极情绪和消极情绪通过不同路径对创造力产生影响。

综合上述,在顾客参与对企业服务创新绩效的影响日益受到实务界和学术界认可的基础上,顾客创造力及其内在驱动机理的研究也开始受到关注。顾客在企业营造的一定的创新氛围中参与到服务创新的实践活动中,参与过程有效地激发了顾客创造力的自我效能感，并增强了顾客创造力的共创体验，内外因的共同作用促进了顾客的持续投入及顾客创造力的产生。从心理学的社会认知理论视角研究个体创造性已经得到了学者们的认可。在企业管理领域，员工创造性、团队创造性的研究已经取得一定的研究成果，而有关顾客创造力的研究正逐步升温。显然，关注顾客创造力的形成机制研究有助于为企业实践中提升服务创新绩效及企业竞争优势提供有价值的指导和借鉴。然而，一方面，由于学术界对顾客创造力问题的研究时间相对较短，对这一概念的维度构成、影响因素等问题还没有形成统一认识；另一方面，从企业创新氛围视角来看，探索顾客创造力的驱动机理研究还非常有限，且没有形成一定的理论体系。作为"兼职员工"的顾客在参与服务创新中感知到的创新氛围，以及创新氛围对于顾客创造力的影响问题还没有完全梳理清楚。这一现象的出现，说明这一领域的研究还有很大的开拓空间，企业究竟怎样才能激发顾客内隐的创造性，并将其成功应用于实践呢？因此，本书在参阅了大量前期文献后，基于社会学习理论和沉浸理论，从"环境—个体—结果"角度，尝试探讨顾客参与服务创新情境下创新氛围对于顾客创造力的影响机理研究，深入研究外部环境与顾客的主观因素交互作用下顾客创造力的内在驱动机制。

第三章　顾客参与服务创新过程中的创造力
形成机制:探索性案例研究

在第一、第二章的基础上,本章将选择四个典型的在线服务企业开展探索性案例研究,研究企业虚拟社区创新氛围对参与顾客创造力的作用机制问题。经过案例内和案例间的比较研究,来构造创新氛围、创造性自我效能感、积极情绪与顾客创造力研究的初始概念模型与相应的研究命题。

第一节　案例研究方法概述

案例研究方法已被学界公认为管理学研究中的重要方法。案例研究是一种经验主义的探究,特别是当现象本身与其背景之间的界限不明显时比较适合采用。因此,当研究的问题旨在解答变量间的深层机制与理论构建时,要回答“如何”和“为什么”的问题,只有使用案例研究方法才能开展研究。

案例研究的过程可以分为四个阶段:研究设计、资料收集、资料分析和研究结论。第一,研究设计。第一个任务是明确与研究问题相关的定义,明确研究单位的研究问题,即确定数据采集的边界,现有的文献可以清楚地指导分析方向及研究定位。第二,资料收集。案例研究共有六种资料来源,分别是文献、档案、面对面访谈、直接观察、参与式观察、实物证据。第三,资料分析。在具体分析过程中,这些理论包括相似性的和竞争性的,从而总结出异同之处以及原因,来印证研究发现和理论贡献。第四,研究结论。上述过程见表 3-1。

表 3-1　由案例研究构建理论的步骤

步骤	工作内容	缘由
启动	定义研究问题 尝试使用事前推测的相关概念	将工作聚集起来 为构念测量提供更好的基础 保留理论构建的灵活性
案例选择	不预设理论与假说 确定特定总体 理论抽样,而非随机抽样	控制外部变化、强化外部效度 聚焦有理论意义的案例 补充概念类别来复制与扩展理论的案例
研究工具与 程序设计	采用多种数据收集方法 组合使用定性和定量数据 多位研究者参与	透过三角证据来强化理论基础 运用综合性视角审视证据 采纳多元观点,集思广益
执行阶段	数据收集和分析重叠进行 整理现场笔记	加速分析过程,并发现对数据收集有益的调整
进入现场	采用灵活、随机应变的数据收集方法	帮助研究者抓住涌现的主题与案例的独特特征
数据分析	案例内分析 运用多种不同方法寻找跨案例的模式	熟悉资料,并初步构建理论 促使研究者摆脱最初印象,透过多种视角来查看数据 精炼构念定义,确保效度及测量可靠性
形成假设	运用证据迭代方式构建每一个构念 跨案例的复制逻辑,而非抽样逻辑 寻找变量关系背后的"为什么"证据	证实、拓展和精炼理论 建立内部效度
文献对话	与矛盾文献相互比较 与类似文献相互比较	建构内部效度、提升理论层次并精炼概念定义 提升普适性、改善构念定义及提高理论层次
结束研究	尽可能达到理论饱和	当边际改善变得小时,则结束研究

资料来源:Eisenhardt K M. Building theories from case study research[J]. The Academy of Management Review,1989(14):532-550.

本书从个体消费者在线参与企业服务创新层面考察其参与创新服务的行为及心理特征,探讨创新氛围与顾客创造力的内在关系,及创造性自我效能感和积极情绪对创新氛围和顾客创造力的中介影响关系。同时,在实地调研的基础上,根据已有理论,提出反映上述变量形成机制的理论框架。

第二节　案例选择与资料采集

根据罗斯托(Rostow)的经济发展阶段理论,按照服务业在社会经济中的作用,服务业可划分为流通服务、生产服务、社会服务和个人服务(见表 3-2)。

表 3-2　服务业分类

服务类型	举例
流通服务	交通运输、仓储、通信、批发、零售、广告和其他销售服务
生产服务	银行、信托及其他金融服务、保险、房地产和建筑服务业、会计和出版业、法律服务业、营业服务
社会服务	医疗保健、教育、非营利机构、政府、邮政、其他社会服务
个人服务	家政服务、旅馆、餐饮、休闲娱乐、理发美容等

资料来源:蔺雷,吴贵生.服务创新[M].北京:清华大学出版社,2007.

鉴于本部分试图进行探索性案例研究,且研究的焦点是"过程与机理类"问题,因此多案例研究方法是最适合的(Eisenhardt,1989;Yin,2009;周江华等,2012)。此外,在案例数量方面,研究者普遍认为 4～10 个跨案例研究将能提供一个良好的分析归纳基础,由此推导出的结论信度和效度也会随之得到改善(Rossman,2010);同时也应当使用理论抽样(而非统计抽样)来决定案例的数量,即当新增加个案无法提供更多新知识,即知识点饱和时结束案例增加(Eisenhardt,1988)。本书选取的四家企业均设立了在线互动平台,并邀请顾客参与开发产品或服务创新活动,被访谈企业的基本信息见表 3-3。依据典型性原则,在线互动服务企业对我国服务业转型升级、提升国际竞争力具有重要意义,同时对提升顾客消费体验、提高顾客创造力和幸福感也具有较强的现实意义。

表 3-3　案例研究被访谈企业在线平台的基本信息

企业平台名称	成立年份	企业性质	访谈对象	主营业务
乐高公司在线社区 http://bbs.cmnxt.com/forum-72-1.html	1934	外资企业	版主及在线参与者	教育培训

续表

企业平台名称	成立年份	企业性质	访谈对象	主营业务
盘石网盟 http://www.adyun.com/	2003	互联网企业	企业创新工具箱负责人员	在线广告联盟企业
马蜂窝自助游旅游分享社区 http://www.mafengwo.cn/	2006	互联网企业	版主及在线参与者	旅游服务
海尔海创汇平台 http://diy.haier.com/pc/index/list	1984	由家电企业转型为面向全社会孵化创客的平台	在线参与者	家用电器服务等

在案例信息、证据和资料收集的基础上,本书采用三角形证据方法,主要包括:一是文献研究法。本书参阅了企业相关文献百余篇,对四家案例企业公开出版的文献资料进行了较为详细的分析。二是网络资料法。在各大门户网站和企业官网上查找并归类各类相关信息。三是访谈法。笔者在实地调研企业时与互动营销活动的相关负责人及管理者进行了半结构化访谈,访谈内容主要涉及用户的体验、用户使用创新工具箱时的反馈、创新效果等。四是网络日志法/参与式观察(participant observation)法。笔者亲自注册会员,参与服务创新活动,并尝试在创新工具箱中设计广告产品。此外,笔者一直从事消费者行为研究,长期跟踪调研案例企业的在线互动社区,积累了丰富的前期成果,均有助于本研究的开展。特别要指出的是,参与式观察的方法,就是研究者深入所研究对象的生活背景中,成为其中的一员,在实际的参与过程中进行观察,正因为如此,当观察者深深地参与被观察的人的实际生活中时,他得到了最真实的感受,此方法被认为是揭示社会现象的最佳途径。

第三节　案例一:顾客参与服务创新创造力
沉浸体验研究

——以乐高在线社区为例

乐高的消费者一直是该产品的"开发者",他们经常突破陈规,利用自己的想象力制作出各种创意作品。该公司建立了一个名叫 CUUSOO 的平台,鼓励消费者在在线社区里分享创意,相互切磋。乐高在线社群还经常组织各种活动或任务，激励参与者展示自我，寻找快乐，例如上上下下的挑战、游戏再现、道闸行动等。

任务情境：使用两块薄片和四块不同的积木根据参与者的个人喜好拼搭出属于参与者自己的创意小黄鸭。时间限制：20分钟。线下线上同时举行。参与者上传照片，有奖品激励。

图 3-1　乐高创意积木拼搭展示

任务结果：很短时间内，200多位参与者积极踊跃参加，共搭出24种小鸭形状，顾客创造力被充分激发。

口述访谈记录。

口述者 1：如果我对一个项目没有感情，我不想做自己已经不喜欢做的事情，我想每个人都应该是这样。如果只是为了坚持而坚持，你很难具有创造力。如果我没有好奇心，或好奇心有限，你们这件事新奇的部分已经不存在了。正是好奇心推动我想办法，思考以前从没考虑过的主题。

口述者 2：感觉是好玩又兴奋的探险，事情进展顺利，几乎毫不费力，像自动发生的一样，而意识却高度集中。

口述者 3：致力于富有创造力地解决问题通常都不会很容易。如果没有一开始的任务命令和奖励刺激，什么事情都不会发生。

口述者 4：对我而言，我最享受的事情是感受着自己观点的流动，并把它们实现在企业设计的产品或服务上。

口述者 5：在积木搭建的过程中，我能够感受到发自内心的享受工作的状态，没有分心和干扰，忘我地投入。

　　口述者6：大学教育太专注于传授已有的知识，而不太善于激发创造力，而乐高拼搭能让我产生兴趣，它是满足感的来源，让我去实现自己认为重要的事情。

　　小结：通过访谈，自我效能感、主观幸福感和积极情绪在虚拟社区中能产生良好的效果。在平均水平上，那些自我效能感高的参与顾客在完成参与任务时比自我效能感低的顾客能取得更好的创造力绩效，尤其是当所进行的任务比较清晰可行的时候。同样，有积极情绪体验的参与顾客也是具有较高满意度的顾客。案例研究发现，积极情绪体验能够有效地提高顾客的满意度。

第四节　案例二：顾客参与服务创新 用户创新工具箱研究

——以盘石网盟七巧板在线广告设计工具箱为例

一、用户创新工具箱定义

　　众所周知，想要通过问卷调查、电话回访等传统的研究方法完全真正了解顾客的需求信息来进行产品设计是不可能的。所以，许多企业已经不再努力去确切地理解顾客的需求，而是向他们提供工具，将与需求相关的关键创新任务外包给顾客，让顾客设计和开发自己所需要的产品（姚山季，2009）。也就是说，企业可以通过提供和运用某种顾客界面友好的工具，把设计任务转交给顾客，由顾客自助设计出符合自己需求的产品。这个顾客友好的界面，就被称为"用户创新工具箱"。由此可见，顾客创新工具箱就是顾客进行创新的一种平台，它允许顾客设计一种新颖的产品，并提供反复实验的平台，并及时反馈顾客设计建构的结果。在这个平台上，顾客可以根据创新工具箱的提示设计初步的设计方案，还可以对产品功能进行评价，然后反复改进，直至满意为止。

二、盘石网盟

　　盘石网盟公司位于浙江省杭州市，是一家专注于网络广告的互联网广告公司，目前已上市，与阿里妈妈和百度联盟一同被业内人士称为"网站联盟三巨头"。盘石总裁田宁多次在公开场合展示企业关注顾客参与及邀请顾客创新的良好愿望,并对旗下的广告客户推出创新工具箱七巧板来协助顾客创新。

盘石网盟致力于为中小企业提供质优价廉的网络广告服务,但由于网站制作专业性极强、操作繁复,很多中小企业主不得不望而却步,只能花大量的资金雇用专业的广告公司来为其制作网站。

盘石创新工具箱——"盘石七巧板"是一款全球首发的广告创意制作及在线预览工具。源于唐朝的创意拼图游戏,七巧板创新工具箱按照古代算术中的"出入相补原理",以各种不同的搭配组成变化无穷的设计图案,是中国古文明智慧的结晶。盘石网盟为了使用户能利用该工具箱制作出顶尖的网络广告创意,汇聚全球数千名顶级设计师,汲取各行各业中精彩、成功的营销广告创意,引领时尚广告潮流,提炼出 2 万多款精美广告模板,使制作过程从零起步变更为高起点的二次创新过程。盘石七巧板创新工具箱可以使零基础的用户制作出顶尖创意的网络广告,它的操作简单易行,无需太多的网站编辑专业基础,动动手指便可以轻松制作出满意的广告。

盘石七巧板的功能架构,如图 3-2 所示。

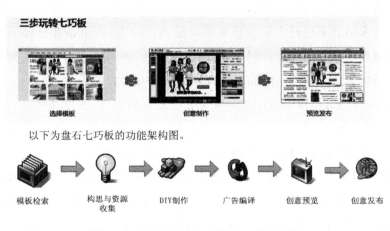

图 3-2　盘石七巧板广告创意工具箱架构

顾客参与广告创作过程如下。

第一步,根据行业(包括一级行业、二级行业)、营销主题(例如打折促销、品牌形象)、风格(例如华丽、柔美、震撼)等多个维度,从 2 万多款广告模板中,选择出中意的模板,作为二次创新的起点。

第二步,通过自己收集的创意素材进行创意设计,应用七巧板中的制作工具进行 DIY 加工,变更背景、变更文字、变更字体、上传图片、添加装饰边、添加滤镜、添加动画效果等等,轻松制作出满意的广告。

第三步,广告实时预览与修改。随时进行广告创意不断优化,完美实现广告效果。用户根据实时效果进行创意发布,从而实现用户的真正创意展示。

如上所述,工具箱已成为客户参与服务创新的有效途径,但客户创新工具箱不同于一般的客户参与方法,访谈发现,在实践应用中真正获取这种源于顾客创新活动的价值并非易事,工具箱不仅要求企业重新修正自己的经营模型和改变管理者的心智模式,而且还必须在设计出行之有效的创新工具箱前,科学划分自己与顾客彼此之间的分工界限。一般而言,好的顾客创新工具箱应该具备以下基本要素(Von Hippel,2002)。

第一,工具箱必须能够使顾客按照边做边学的原则完成一整套设计循环,即交互的功能。这一循环,包括了顾客设计、预览、评估、修改、再设计的整个过程。顾客可在这个过程中不断修改自己的设计,并在修改过程中不断地进行学习,并且可以确切地看到自己的设计效果。

第二,工具箱应该具有良好的用户界面,使顾客能够简易操作。

第三,工具箱必须包含有用的,经过预先实验和调试的大量通用模块。顾客可在设计中直接使用。顾客不用从头学习技术,可以将大部分精力投入真正新颖的、创造性的设计工作中去,避免不必要的重复设计,进而确保顾客可以便捷迅速地设计出复杂的个性化产品。

第四,顾客创新工具箱特别适用于具有以下特征的行业:顾客需求的异质化程度越来越高,市场划分越来越细;快消品行业里企业对消费者需求反应过慢或反应错误使顾客满意度和忠诚度呈现出下降趋势;企业产品开发自动化程度高,能满足客户定制生产的需要。在当今时代,企业和顾客之间的前后台操作界面已经发生了转移,越来越多的新产品或新服务开发所必需的试错过程变为由顾客完成(见图 3-3)。所以,越来越多的面临异质顾客需求的企业都开始为其顾客提供创新工具箱。可以预见,在一些客户异质性高的服务行业中,随着客户创新工具箱的广泛应用,企业的竞争格局将随着客户创新工具箱的变化而向竞争格局转变。企业应该辩证地看待顾客创新工具箱的使用价值,必须充分考虑顾客和企业的成本与收益之间的平衡,这样才能更有效地发挥它的作用。

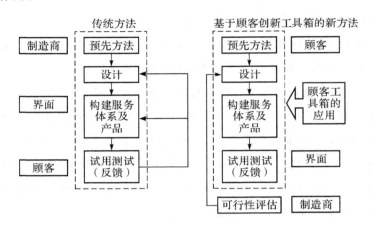

图 3-3　服务创新新旧路径对比

第五节　案例三:顾客参与服务创新售后评价

——"马蜂窝"亲子自助游互动社交分享平台

"马蜂窝"是一个旅游社交分享网站。用户生成内容是网站运行的核心因素。网站拥有上万条的旅游游记、旅游点评、问答,用户黏性非常强,长期聚集了各类旅游专家、参与顾客。由于本书主要考察以顾客参与共同制造体验为基础的顾客参与形式,因此选取了顾客体验突出的旅游业为研究对象。旅游就是一种体验、一种经历(Shuai,2004),人们花钱出国旅游,追求心理和精神享受,实质上购买的就是体验(周建设,2010)。游客大量地参与了旅游产品的开发与服务(张文敏,2012)。

在"马蜂窝"里顾客被称为"蜂蜂",去各地旅游分享游记或参与互动的活动被称为"采摘蜂蜜",赚取一定的积分和等级,建立"蜂窝"。参与顾客等级不同,特权不同,如等级达到 2 级,每日可以下载攻略书 2 本;等级达到 5 级,可创建自己的小组,可添加游记的音乐,关注 800 好友等,级别越高,特权越多。

等级又是由蜂窝经验值来决定的，蜂窝经验实际为顾客参与的经验与经历。参与的内容包括个人信息提供（照片、性别、年龄、城市等个人信息），游记撰写及互动、点评，话题互动，嗡嗡（分享与传播照片），宝藏等。在马蜂窝里，还有一类顾客，被称为"指路人"，他们是马蜂窝中最乐于分享的人，旅行经历丰富，回答具有很高的可信度。社区积极营造参与互动式创新氛围，如每日签到、领取任务、赚积分、升等级、获礼品包等。

任务主题1：寻找临安乡村最民间美食征文活动。

发掘和筛选临安十大美食。寻找美食期间，在临安旅游局官方微信上举办大学生美食征文比赛，设立一、二、三等奖若干名，中奖者将分别获得1000元、800元、500元现金奖励。

获奖者的参与体验（电话访谈）：

受访者1：参加活动可以认识朋友，进一步了解产品或服务，喜欢在内容上感兴趣的服务活动，乐于分享，不会觉得是浪费时间和精力，因为也可以得到别人的肯定。个人认为自己是有创造力的。

受访者2：活动有意义。愿意承担一定的责任和权利，喜欢参加这类参与式服务活动。因为本人喜欢和擅长摄影，与这个企业的参与活动有一定的关联，所以我认为更有利于自己参与其中。个人认为自己是较有创造力的，经常参与此类活动。

受访者3：参与此类活动最主要还是感兴趣，有志同道合的人一起参加。活动过程中，有人引导很重要，喜爱分享，分享自己认为好的，抒发情怀，获得信任和认可。个人认为在喜爱的、感兴趣的方面比较有创造力和自我效能感。

获奖参与者的共同特点：性格开朗乐观，乐于与人交流和分享；擅长写作或者摄影，喜欢旅游和美食；各大社交媒体平台活跃者，有过学生记者或校报编辑的经历（见表3-4）。

表 3-4　参与线上"寻找临安乡村最民间美食征文活动"顾客的电话访谈记录节选

姓名	性别	个性特征	知识、能力特征	参与经验
陈××	女	开朗、乐于交际	学生会干部	多次做志愿者
褚××	女	总想探索各种新鲜事物	擅长交际,旅游经验丰富	资深驴友、自助游者
邓××	男	酷爱旅游和美食	擅长写作和摄影	本地人,资源熟悉
龚××	女	吃货,爱旅游	学生会副主席	多次做组织者、参与者
潘××	女	爱冒险、爱交朋友,爱尝试新事物	实习记者,编辑	获校创新实验奖
刘××	男	吃货,喜欢在乡间体验	绘画、写作(艺术生)	无
陆××	女	开朗、外向、善沟通	摄影协会、校艺术团吉他协会会长	经常活跃在人人网等社交平台,人人主页浏览量 20000＋
乔××	男	喜爱四处玩耍,善于与人交流,热爱各类活动	摄影	无
王××	女	静如处子,动如脱兔	担任校新闻中心的文字兼摄影记者	多次成功人士的采访以及学校各类晚会和活动的报道,参加了支教,负责人人网公众平台的宣传和报道
徐××	女	开朗、外向	校级记者团摄影部部长	本地人,成立了 pufforest 摄影工作室,并有公众微信号与微博
占××	男	开朗、外向	旅游达人	浙江遂昌汤显祖文化节美食体验员;浙江江山农村合作银行旅游体验员
张××	女	热爱交友及一切能给生活带来充实和快乐的事物	旅游经验丰富	无

资料来源:笔者根据访谈资料整理。

任务主题 2:金华亲子游旅游景点游记＋点评。

金华旅游行政管理部门为推广当地的旅游景点项目,推出金华亲子游记大赛活动,活动要求广泛发动顾客参与点评,最终选出金华亲子游旅游景点

TOP14,为其他旅游者提供借鉴。该活动引发了广大游客的积极热评,数据统计结果见表 3-5 至表 3-6。

表 3-5 "马蜂窝"旅游社交分享网站上出现的金华亲子游旅游景点 TOP14 点评榜

旅游景点名称	总热度(顾客参与点评数)
1 横店影视城	36587
2 双龙洞景区	1699
3 唐风露天温泉	1647
4 清水湾沁温泉	1360
5 诸葛八卦村	1070
6 牛头山国家森林公园	522
7 仙华山	389
8 卢宅建筑群	162
9 郭洞	122
10 大红岩峃峒山景区	99
11 锦林佛手文化园	88
12 金华动物园	55
13 江南第一家	44
14 泡泡水上乐园	35

表 3-6 金华亲子游旅游景点 TOP1-14 参与游客的旅游反馈

	1 横店影视城	2 双龙洞景区	3 唐风露天温泉	4 清水湾沁温泉
游客满意点	秦王宫、明清宫、梦幻谷、清明上河图、广州街、香港街等景点都很好玩,风景好,表演多且精彩,增长知识,服务好	景色奇美,避暑乘凉,门票性价比高	典雅古朴,鱼疗好玩,小朋友喜欢,服务员热情态度好,风景好,养生	环境美,交通方便,设施齐全,硬件设施很满意,水很干净,水上乐园小孩子喜欢,服务到位
抱怨集中点	消费很高,排队时间长,商业化严重,下雨天行太不方便,景区垃圾桶较少,儿童游玩休憩处没有	景区路线导向标识做得不好,东西贵,小朋友会害怕里面,村民乱收费,交通不便,景区管理差	设施陈旧,配套服务不完善,细节上跟不上,节假日人多	门票稍贵了些,设备设施陈旧,小孩身高超过0.8米就要收费,服务欠佳,开放的池不多,没有提供食物,好多游乐设施有名额限制

续表

	5 诸葛八卦村	6 牛头山国家森林公园	7 仙华山	8 卢宅建筑群	9 郭洞
游客满意点	老式民居,小朋友喜欢,增长知识,陶冶情操,村民很淳朴善良,饭店价格优惠	国家森林公园,空气清新,适合自驾游,漂流深受孩子喜爱	风景不错,空气好,世外桃源,小孩子可以单独走完全程,性价比高,摄影好地方	规模宏大,很古典,很怀旧的明清官邸,景区工作人员很热情	交通便利,保存完好的原始森林,明清民居,服务人员态度好,农家菜物美价廉
抱怨集中点	商业味道有点重,村里路标还不够清晰,水质一般,容易迷路	上山的路较陡,路面较滑,老人小孩有些吃不消,交通不方便,卫生较差,路牌指示不明确	东西收费贵,山上指示牌和景点介绍基本没有,农家乐服务态度差,房间卫生较差	停车不便,门票偏贵,景区管理有待提高,指示牌不太清楚	门票稍贵了些,设备设施陈旧,小孩身高超过0.8米就要收费,服务欠佳
	10 大红岩崆峒山景区	11 锦林佛手文化园	12 金华动物园	13 江南第一家	14 泡泡水上乐园
游客满意点	空气很好,风景优美,洗肺之旅	停车方便,园区游乐项目丰富,环境好,特别适合亲子活动,是性价比高的4A级景点	服务周到,交通挺方便,表演多且精彩,孩子喜欢	景致不错,规划有特色,没有完全商业化,性价比高,可看性强,建筑保存很好	孩子喜欢,干净,交通方便,服务周到,价格合适
抱怨集中点	公共交通不便,食宿较差,景区少了些生气,和尚强买强卖	自助餐太难吃,管理、设施维护、人员服务上都需要完善	捆绑消费游乐设备,1.2米以上孩子就要成人票,动物园很小、动物少、人气不足	景点太少,管理较差,门票贵,配套服务有待提升	游玩设施不多,票价偏贵,有些项目过于刺激、孩子没法玩

第六节　案例四：顾客参与服务创新创客众筹平台研究

——以海尔海创汇平台为例

海尔集团创立于 1984 年，为传统家用电器制造企业，年销售收入近 2000 亿元，在全球白色家电市场份额连续 5 年保持第一。为实现与用户的零距离接触，满足用户个性化的需求，海尔在 2012 年提出网络化战略，主动开启互联网模式的探索。目前已从传统制造家电产品的企业转型为面向全社会孵化创客的平台。目前，已经涌现出"海立方"、HOPE 等开放创新平台。通过众筹"创意、资金，预售、团购产品"等模式与用户交互，了解顾客的真实需求及购买行为。

（一）探索阶段："自主经营体—利益共同体—小微"阶段

第三次工业革命中，大数据、智能制造、移动互联和云计算等新技术正被加速应用。海尔集团敏锐地察觉到这场技术地震不仅会带来技术基础、生产组织方式和生活方式的变革，更会引发制度、管理方式和社会资源配置机制的变革。面对"破坏式创新"，海尔集团将组织资源依据价值观进行再组合，深入推进人单合一双赢管理模式。2012 年 6 月，海尔由一家 8 万人的企业转变为 2000 多个自主经营体，直接对用户负责，而总部则为这些自主经营体搭建了制度平台以及资源平台（赵辉，2013）。从"自主经营体"到"利益共同体"再到"小微"的变化，实现了从科层制组织结构向平台型组织结构的转变。企业的边界被打破，商业生态圈正在加速形成，海尔的平台在用户需求和外部资源间架起了桥梁，实现用户零距离和资源的网络化配置。

2012 年 6 月，《第三次工业革命》中文版出版——人单合一双赢管理模式深入推进。

2012 年 9 月，张瑞敏在香港科技大学做题为"没有成功的企业，只有时代的企业"的讲演。

2012 年 11 月，明确员工"接口人"的角色定位。

（二）执行阶段

海尔将创客平台分为三块：Hope 平台、海创汇平台和海立方平台。用户从被动的产品接受者转变为产品研发、制造、销售和使用的全流程参与者。现在用户已参与到社区治理、产品开放公测和售后服务等环节。每年 1000 多个创客项目能否孵化完全是由市场拉动、用户选择的。海尔推出"我的冰箱我设计"外观设计大赛活动（见图 3-4），制定了"创意构思—创意描述—提交创意—发表创意—发起众创—参与创意投票—支持人数达到标准 70％以上—定制下单（亲手设计的创意家电就会成为家庭里的一员）"的顾客参与流程，实现企业的个性化、定制化生产。目前，海尔冰箱有一半以上是按照各地商场的要求专门定制的。

图 3-4　海尔 DIY 创意冰箱外观设计

（三）反思阶段

在服务创新方面，开源社区的力量非常强大，社区用户可以成为极具原创性的企业编外人员，企业的劳动力资源不再只是企业的员工，还包括互联网的所有用户。大数据、人工智能、机器人、数字制造等技术可以帮助企业网罗到全球各地的各种人力资源，调动多方人才力量，实现一个真正"无边界"的企业和虚拟品牌社区内的创新系统（见图 3-5）。借助顾客参与服务创新，企业获得无限创造力。通过社交媒体和平台等数字化工具与外部消费者团体建立紧密联系，从而创建了一支庞大而灵活的消费者兼职员工队伍来完成部分企业创新工作，这一"扩大化的员工队伍"由企业潜在的客户组成，消费者可以直接发出自己的声音，企业也可以第一时间了解顾客如何看待、使用和消费它们的产品或服务。

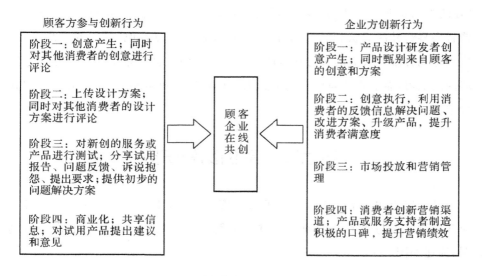

图 3-5　虚拟品牌社区内的创新系统

1.顾客广泛参与了企业在线社区中新服务或产品开发的各个流程环节

顾客广泛参与了识别最受欢迎的产品、产品创意、现有产品修改、产品测试、营销渠道建议、产品评价和传播等企业生产全环节,也有企业让消费者投票选择最具创意的活动,这些方法均促进了企业服务或产品创意的产生。顾客参与越多,赚取的积分越多,并伴有实质性物质奖励。在产品正式上市或推广试用的阶段,虚拟社区的信息交流方便快捷,社区管理版主对顾客的反馈持开放、支持的态度(如小米社区中对小米系列产品的抱怨和吐槽,版主未进行任何一条的人为删除),这些都可以提升消费者的产品反馈行为。消费者无意识的口碑传播行为是基于使用经验和对品牌产品的认同和喜爱。这种口碑效应并不一定都是积极的,企业利用机会,接纳顾客的意见或建议,改进产品质量,多次循环形成企业的品牌价值,获得顾客忠诚度和满意度。

2.充分接纳与肯定,才能激发消费者的善意与潜能

部分消费者反映"论坛吧主随意删除意见帖子,以后再也不敢提意见了","自己的使用心得和精心构思的改进方法、方案不被认可时,感觉很难受"。顾

客参与服务创新的创新氛围对顾客参与共同创造行为有重要影响。当被问及"在线参与企业创新活动的哪些环境因素让你感觉满意或不满意"时,发现消费者多喜欢社区活跃、互助的氛围。管理大师德鲁克曾说:管理的最高境界,应该是充分激发人们的善意和潜能。顾客参与服务创新希望自身能够得到领域内的认可,企业在衡量顾客的创造力时可以适当放宽些,给他们充分接纳和肯定。

第七节　案例比较研究

基于以上四个不同服务行业的典型案例分析,本书形成了对在线服务企业开展顾客参与服务创新项目的过程中创新氛围对顾客创造力的影响机制图,描述如图 3-6 所示。

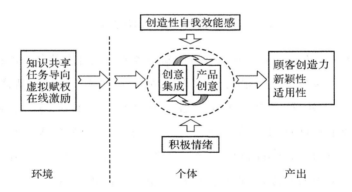

图 3-6　创新氛围对顾客创造力的影响机制

在上述分析的基础上,结合各案例企业的实际情况,对每一个案例企业所涉及的关键变量进行评价和评分,并进行编码。

本书的编码结果如表 3-7 所示。本部分将对企业所有案例中的变量进行分析,总结出创新氛围、创造性自我效能感、积极情绪和顾客创造力模型的影响,并提出初始命题的假设。

表 3-7 创新氛围、创造性自我效能感、积极情绪与顾客创造力的总体评价

	变量	A 广告业（盘石）	B 教育业（乐高）	C 旅游业（马蜂窝）	D 电商（海尔海创汇）
创新氛围（个体感知的环境）	知识共享	良好	良好	良好	良好
	任务导向	良好	良好	良好	良好
	虚拟赋权	良好	良好	良好	良好
	在线激励	一般	良好	良好	良好
心理状态（个体）	创造性自我效能感	良好	良好	良好	良好
	积极情绪	良好	良好	良好	良好
顾客知识能力（个体）	顾客知识匹配度	一般	一般	最high	良好
行为结果（个体）	顾客创造力	一般	最好	良好	良好

资料来源：笔者根据调查结果归纳得出。

本章这四个案例代表了四个不同行业的四种不同类型的服务创新，但核心都是企业主动拥抱顾客，营造良好的互动平台，激发顾客创造力。创意消费者的创意成为企业的金矿，成为企业创新收入的来源。现代企业通过各种机会使顾客产生创造力，互联网使顾客创意能够迅速扩散和交流。研究认为企业自由、宽松、互动分享的创新氛围有利于提升顾客的参与积极性和参与效果，即顾客创造力，同时在参与过程中，顾客都被充分激发了创造性自我效能感，发自内心地热爱创造活动，并从中获得了快乐、兴奋、满足和幸福感。探索性案例研究也显示，当顾客自身拥有的知识与企业互动创新项目需要的知识技能匹配度高时，顾客常常会表现出较高的创造力。

因此，推导出如下初始假设命题。

命题 1：在线服务企业注重知识共享创新氛围对客户创造力有显著正向影响。

命题 2：在线服务企业注重对顾客进行虚拟赋权的创新氛围对顾客创造力有显著正向影响。

命题 3：在线服务企业注重对顾客进行任务导向的创新氛围对顾客创造力有显著正向影响。

命题 4：在线服务企业注重对顾客进行在线激励的创新氛围对顾客创造力

有显著正向影响。

命题5：参与顾客的创造性自我效能感在创新氛围和创造力之间起到中介影响作用。

命题6：参与顾客的积极情绪在创新氛围和创造力之间起到中介影响作用。

命题7：顾客知识匹配度调节创造性自我效能感在创新氛围和顾客创造力之间中介效果的强弱度。

命题8：顾客知识匹配度调节积极情绪在创新氛围和顾客创造力之间中介效果的强弱度。

上述初始命题基本形成了在线服务企业营造的创新氛围对顾客创造力的影响机理框架，为得出科学可信、具有普遍意义的研究结果，必须进一步深入细化假设命题，在下一章中，将会做进一步文献梳理与论证。

第四章 顾客创造力驱动机理 研究假设及模型

第一章和第二章的分析阐述了本书的主要研究内容和过往的研究成果。第三章通过四个案例研究探索了顾客在线参与服务创新、企业在线社区中的创新氛围、顾客创造力等的内涵。本章依据文献及实际研究问题设计问卷量表,在初始问卷预测试的基础上,通过修订完善确定了最终量表。本章将在前期研究基础上,结合案例研究提出本书的核心概念模型及假设,提出创新氛围、创造性自我效能感、积极情绪与顾客创造力关系的几个命题,初步厘清顾客创造力的生成机理,以及各变量之间的相关关系。

第一节 企业创新氛围对顾客创造力 绩效影响的理论假设

一、创新氛围与顾客创造力

Yu & Yu(2013)应用跨层分析法,研究了知识共享、组织气氛和创新行为之间的关系,显示出知识共享和创新行为之间有着显著关联,积极的组织创新氛围和员工创新行为之间有着显著联系。Turnipseed & Turnipseed(2013)对美国西部地区金融服务行业的员工进行问卷调查,实证研究探讨了创新型组织氛围与组织公民行为之间的关系。研究显示,公民行为的参与层次与创意想法密切相关。忠诚的公民行为与参与风险负相关。Von Hippel(2005)特别关注了消费者创新及其创造力的来源。Csikszcntmihalyi(1991)提出了创造力的三叉系统模型(three-pronged systems model),包括个人(the person)、学科领域(the domain)与工作领域(the field)三个方面。他认为,创造力不是某个人或产品的特性,而是个人、产品和环境相互作用的结果。我国学者衣新发(2011,2013)就个体创造力做了相关研究,并总结提出了创造力的文化金字塔模型。同济大学经济与管理学院王莉(2011,2013)做了用户知识、创造力和创新行为的关系研究以及虚拟创新社区中消费者互动和群体创造力的研究,为国内开展消费领域用户创造力的研究开启先河。武汉大学经济与管理学院张辉等(2013)用实验方法研究了用户参与创新过程中授权对消费者创造力的影响,为相关研究奠定了一定的基础。

随着创新研究的深入,创新氛围的研究日益得到重视,并出现了一批重要的研究成果。心理学相关理论研究认为良好的创新氛围能够提升个体创造力。创造力研究将创造过程视为一个心理过程,其中不同类型的消费者知识相结合,在虚拟社会中,建设性地解决问题。这个过程被典型地描述成人们搜寻知识,理解并解决给定问题(Ward等,1999)。自下而上的思考、发散性思维和聚合性思维是创造力的重要指标。创造性的产品指创造结果本身,创造性的结果应该是新奇的和有用的(Burroughs等,2008)。创造性的能力是指使人更加创造性地思考和产生创造性的解决办法的能力。知识和动机被认为是创造力的核心影响因素(Amabile,1996)。Hirschman(1980)认为,个体成功完成自己觉得重要的任务时,会感到满足,工作自主性高的工作使工作者更有责任感,所以工作者更加努力并发挥创造力;Amabile等(1989,1996,2005)、Hucker(1988)、Hausmann(1990)、Burroughs等(2008)均强调了创新氛围等外部环境对创造力的影响;Runco等(1995)和Davis(2009)认为创造性活动是一种复杂的认知过程,并提出了创造性思维的双层成分模型;Mayer(1999)指出,由于拥有创造力的主体不同和情境差异,创造力形成及贡献机理也大相径庭。

因此,本书提出如下假设。

假设 H1a:企业在线社区中,知识共享的创新氛围对顾客创造力有显著正向影响。

假设 H1b:企业在线社区中,虚拟赋权的创新氛围对顾客创造力有显著正向影响。

假设 H1c:企业在线社区中,任务导向的创新氛围对顾客创造力有显著正向影响。

假设 H1d:企业在线社区中,在线激励的创新氛围对顾客创造力有显著正向影响。

二、创新氛围、创造性自我效能感与积极情绪体验

在线交互可以通过提高顾客个人的能力、经验、知识等进而提升顾客的自我效能感及积极的情绪体验。Franke(2003)在研究四种运动社区中的用户创新动机时发现,获得财务报酬并非创新用户的主要动机,他们更看重的是乐趣、挑战、控制、好奇等因素,一种胜任感、满足感及完成时的成就感。Francesco & Montani(2012)通过对化学和制药公司 186 名员工的实证调查,研究了两类社会支持(主管支持与同事支持)在促进或阻碍员工的承诺和行为变化时的作用,指出这种作用是稀缺和不一致的。结果显示,积极主管和员工之间的关系支持影响员工的情感承诺和创新行为,但仅仅在同事支持水平高的情况下才能产生。Maruping & Magni(2012)构建了团队氛围、团队创新技术研发及使用的多层次模型,采用田野调查法,以 56 个工作团队中的 268 名员工为调研对象。研究发现,两类组织创新氛围在对员工创新意愿的影响上发挥着不同作用。Shalley 等(2000)证实员工自我创造性认知较强,情绪积极,因此表现出较多的创造行为。笔者认为,在顾客参与服务创新过程中,顾客作为"兼职员工",也应具有以上特征。因此,本书提出如下假设。

假设 H2a:企业在线社区中,知识共享的创新氛围对创造性自我效能感有显著正向影响。

假设 H2b:企业在线社区中,虚拟赋权的创新氛围对创造性自我效能感有显著正向影响。

假设 H2c:企业在线社区中,任务导向的创新氛围对创造性自我效能感有显著正向影响。

假设 H2d:企业在线社区中,在线激励的创新氛围对创造性自我效能感有显著正向影响。

假设 H3a:企业在线社区中,知识共享的创新氛围对积极情绪有显著正向

影响。

假设 H3b:企业在线社区中,虚拟赋权的创新氛围对积极情绪有显著正向影响。

假设 H3c:企业在线社区中,任务导向的创新氛围对积极情绪有显著正向影响。

假设 H3d:企业在线社区中,在线激励的创新氛围对积极情绪有显著正向影响。

三、创造性自我效能感与顾客创造力

在学术网站搜索有关顾客创造力的研究文献后发现,大部分有关创造力的研究是针对企业组织(耿紫珍,2012;何小洲,2012)、员工、学生(常亚平,2013)而开展的,专门针对顾客创造力的研究,仅有少数学者对顾客创造力予以关注(Hirschman,1980;张辉,2013;王莉,2013)。由于拥有创造力主体的不同,在不同情境下,创造力的形成及贡献机理也表现大相径庭(Mayer,1999)。综上,我们有理由认为在顾客参与服务创新日益频繁的形势下,深入研究顾客参与对顾客自身创造力的内在影响机理对理清及解释不同情境、不同环境因素下顾客参与对企业贡献的不同作用有着重要的意义,这有必要为广大理论研究者所重视。

学者们首先对员工创造力做了一定的研究。研究发现,如果一个人对他的创造能力没有足够的认识,他就很难有创造力,因此创造力觉察很重要。在创造性自我效能感与个体行为或行为结果之间的关系方面,Gist(1987)研究表明,为了激励个人完成某项特定的任务,员工必须相信自己具备完成该项任务的能力;Kirton(1989)的研究也发现,创新者的自信和自我效能感往往与他们产生新创意的能力有关。Ford(1996)的研究表明,当感知到创造性努力可能遭遇失败的时候,员工将不再愿意投身于创造性行为,这就从侧面说明了创造性自我效能感的水平高低将会在很大程度上影响员工在工作中的创造性。因此,本书提出如下假设。

假设 H4a:创造性自我效能感在知识共享和顾客创造力之间具有中介影响作用。

假设 H4b：创造性自我效能感在虚拟赋权和顾客创造力之间具有中介影响作用。

假设 H4c：创造性自我效能感在任务导向和顾客创造力之间具有中介影响作用。

假设 H4d：创造性自我效能感在在线激励和顾客创造力之间具有中介影响作用。

假设 H6：创造性自我效能感对顾客创造力有显著正向影响。

四、积极情绪体验与顾客创造力

情绪是公认的创造力的前因变量之一（Isen & Baron，1991）。以往研究表明，顾客参与服务创新的原因固然有独特的产品需求，但更有顾客独特的情绪体验需求，它指在互动合作中形成的成就感、满足感、享乐感等（Prahalad，2004）。

在情绪与创造力的相关文献里，Fredrickson（1998）认为，积极情绪包括快乐、兴趣、满足、爱、自豪和感恩；Madjar（2002）通过对来自 3 个企业的 265 位员工以及 20 位主管（评价员工的创造性绩效）的研究发现，员工的积极情绪完全可以影响创造性工作绩效（艾树，2011）。Ashby & Isen（1999）的实验研究发现，实验干预所诱发的积极情绪促使被测试者表现出更高的创造力，解决问题的效率更高，决策也更全面。Amabile（2010）也指出，个体感受到工作本身的兴趣、愉悦、满意和挑战时，这种感受有助于提高创造力。参与融入，会导致行为"流"（flow）体验，在这个意义上，参与融入更强调个体的内在兴趣（张德鹏，2015）。国内学者汤超颖和艾树（2011）的研究表明，积极情绪显著影响团队创造力。在顾客自身特征与创新绩效的关系方面，Lakhani & Von Hippel（2003）在研究开源软件顾客创新的动机时发现，在获利、满足自己的独特需求、寻求乐趣，以及声誉的提高等动机的驱动下，开源软件用户的确表现出巨大的创造力。因此，本书提出如下假设。

假设 H5a：积极情绪在知识共享和顾客创造力之间具有中介影响作用。

假设 H5b：积极情绪在虚拟赋权和顾客创造力之间具有中介影响作用。

假设 H5c：积极情绪在任务导向和顾客创造力之间具有中介影响作用。

假设 H5d:积极情绪在在线激励和顾客创造力之间具有中介影响作用。

假设 H7:顾客积极情绪体验对顾客创造力有显著正向影响。

五、顾客知识匹配度的调节作用

检验消费者知识匹配度的作用,有助于理解消费者参与企业服务创新的原因,可以对有针对性地邀请消费者参与服务或产品创新行为等带来启示;将企业在线的创新氛围整合到研究框架中,验证企业创设的虚拟品牌社区环境对消费者创造力的驱动影响机理,对如何有效构建虚拟品牌社区环境有重要的实践启示;对顾客的分类及管理有一定的指导作用。由于参与者原生家庭、生长环境、受教育水平等的不同,每位顾客均各有所长、各具特色。高知识匹配的客户拥有强大的知识和技能,在参与企业的创新项目过程中,既能产生渐进式创新,又会产生破坏性创新。而低知识匹配顾客在该项任务参与中,创新相关的知识和技能就可能相对欠缺,仅能产生一些渐进式的微小创新或没有创新(王莉和罗瑾琏,2012)。因此,本书提出如下假设。

假设 H8a:顾客知识匹配度调节创造性自我效能感在知识共享的创新氛围和顾客创造力之间中介效果的强弱度。

假设 H8b:顾客知识匹配度调节创造性自我效能感在用户虚拟赋权的创新氛围和顾客创造力之间中介效果的强弱度。

假设 H8c:顾客知识匹配度调节创造性自我效能感在任务导向的创新氛围和顾客创造力之间中介效果的强弱度。

假设 H8d:顾客知识匹配度调节创造性自我效能感在在线激励的创新氛围和顾客创造力之间中介效果的强弱度。

假设 H9a:顾客知识匹配度调节积极情绪在知识共享的创新氛围和顾客创造力之间中介效果的强弱度。

假设 H9b:顾客知识匹配度调节积极情绪在用户虚拟赋权的创新氛围和顾客创造力之间中介效果的强弱度。

假设 H9c:顾客知识匹配度调节积极情绪在任务导向的创新氛围和顾客创造力之间中介效果的强弱度。

假设 H9d:顾客知识匹配度调节积极情绪在在线激励的创新氛围和顾客

创造力之间中介效果的强弱度。

基于上述讨论,本书提出研究假设汇总见表 4-1。

表 4-1　研究假设汇总

假设序号	假设具体描述
假设 H1a	企业注重对顾客进行知识共享的创新氛围对顾客创造力有显著正向影响
假设 H1b	企业注重对顾客进行虚拟赋权的创新氛围对顾客创造力有显著正向影响
假设 H1c	企业注重对顾客进行任务导向的创新氛围对顾客创造力有显著正向影响
假设 H1d	企业注重对顾客进行在线激励的创新氛围对顾客创造力有显著正向影响
假设 H2a	企业注重对顾客进行知识共享的创新氛围对创造性自我效能感有显著正向影响
假设 H2b	企业注重对顾客进行虚拟赋权的创新氛围对创造性自我效能感有显著正向影响
假设 H2c	企业注重对顾客进行任务导向的创新氛围对创造性自我效能感有显著正向影响
假设 H2d	企业注重对顾客进行在线激励的创新氛围对创造性自我效能感有显著正向影响
假设 H3a	企业注重对顾客进行知识共享的创新氛围对积极情绪有显著正向影响
假设 H3b	企业注重对顾客进行虚拟赋权的创新氛围对积极情绪有显著正向影响
假设 H3c	企业注重对顾客进行任务导向的创新氛围对积极情绪有显著正向影响
假设 H3d	企业注重对顾客进行在线激励的创新氛围对积极情绪有显著正向影响
假设 H4a	创造性自我效能感在知识共享和顾客创造力之间具有中介作用
假设 H4b	创造性自我效能感在虚拟赋权和顾客创造力之间具有中介作用
假设 H4c	创造性自我效能感在任务导向和顾客创造力之间具有中介作用
假设 H4d	创造性自我效能感在在线激励和顾客创造力之间具有中介作用
假设 H5a	积极情绪对知识共享和顾客创造力具有中介作用
假设 H5b	积极情绪对虚拟赋权和顾客创造力具有中介作用
假设 H5c	积极情绪对任务导向和顾客创造力具有中介作用
假设 H5d	积极情绪对在线激励和顾客创造力具有中介作用

续表

假设序号	假设具体描述
假设 H6	创造性自我效能感对顾客创造力有显著正向影响
假设 H7	顾客积极情绪体验对顾客创造力有显著正向影响
假设 H8a	顾客知识匹配度调节创造性自我效能感在知识共享的创新氛围和顾客创造力之间中介效果的强弱度
假设 H8b	顾客知识匹配度调节创造性自我效能感在用户虚拟赋权的创新氛围和顾客创造力之间中介效果的强弱度
假设 H8c	顾客知识匹配度调节创造性自我效能感在任务导向的创新氛围和顾客创造力之间中介效果的强弱度
假设 H8d	顾客知识匹配度调节创造性自我效能感在在线激励的创新氛围和顾客创造力之间中介效果的强弱度
假设 H9a	顾客知识匹配度调节积极情绪在知识共享的创新氛围和顾客创造力之间中介效果的强弱度
假设 H9b	顾客知识匹配度调节积极情绪在用户虚拟赋权的创新氛围和顾客创造力之间中介效果的强弱度
假设 H9c	顾客知识匹配度调节积极情绪在任务导向的创新氛围和顾客创造力之间中介效果的强弱度
假设 H9d	顾客知识匹配度调节积极情绪在在线激励的创新氛围和顾客创造力之间中介效果的强弱度

第二节　研究框架

在第二章文献综述的基础上,通过第三章案例研究和理论分析、讨论,本书所提出的框架如图 4-1 所示。借鉴前人对创新氛围及创造力的相关研究,本书依据社会学习理论和沉浸理论,从"环境—个体—行为"的逻辑主线出发,从顾客内在的心理感知和情绪体验角度研究顾客感知的企业在线虚拟社区创新氛围对顾客创造力的影响机理,试图打开激发顾客创造力的黑箱。

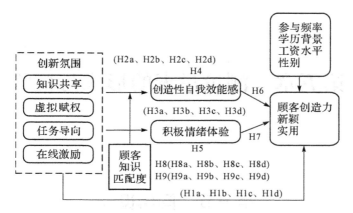

图 4-1 顾客在线参与服务创新中的创造力驱动机理研究

第五章　测量量表的形成与检验

第一节　问卷设计

一、问卷的基本结构

王重鸣(1990)认为问卷设计应包含四个方面:所体现的理论构思与研究目的、问卷格式、问卷测量条款语句和问卷语言。本书主要围绕企业创新氛围、创造性自我效能感、积极情绪体验与顾客创造力关系及作用机制展开问卷设计,收集为本书所需的有效数据。基于第三章的探索性案例研究结论来确定问卷量表中需要测量的相关变量包括:创新氛围、创造性自我效能感、积极情绪、顾客创造力、顾客知识匹配度等。本研究的调查问卷设计主要涉及以下部分内容(正式问卷参见附录2):

(1)人口统计学变量:年龄、学历、收入、参与频率、职业、参与动机等。

(2)企业在线创新氛围:包括知识共享、任务导向、虚拟赋权与在线激励。

(3)创造性自我效能感:包括对自身的创新思想自信、有自己的独特见解等。

(4)积极情绪:包括激动、愉快、兴奋、有趣、开心等。

(5)顾客创造力:包括新颖性及有用性两方面。

二、问卷设计过程

(1)对国内外文献梳理与探索性案例调查后形成问卷初稿。对于创新氛围、创造性自我效能感、积极情绪与顾客创造力等核心变量,笔者通过大量的文献阅读找到已有的研究成果和量表设计,作为本问卷设计的起始点。根据研究中的迷惑或不解之处设计访谈大纲,并深入四家拥有在线互动平台的服务企业进行实地调研和参与式观察,与互动项目的参与者及负责参与互动项目的一线服务人员、管理者进行了沟通。

(2)与专家导师和研究生同门讨论,对问卷题项进行修改和完善。向心理学、组织行为学、消费者行为学等诸多研究领域的专家寻求建议。笔者根据各方面提出的关于语句通顺、流畅、内容清晰不重复,问卷题项需打乱顺序以及最好不要设反向问卷等问题建议做了调整。

(3)进行预测试与纯化,最终确定问卷。笔者在 2015 年 1 月选取了 150 名在线消费者,通过"问卷星"问卷调查专业网站发放问卷和预测试,预测试人员均经过了前期测问卷的初次筛选,具有一定的代表性,共回收 134 份有效问卷。根据反馈完善了问卷,如尽量使得问卷中不包含学术用语,注释关键词汇和概念,最后形成了正式的调查问卷终稿(参见附录 2)。

三、问卷设计的原则与防偏措施

在我国的管理实证研究中,对量表的处理主要有双盲翻译、修改、去情境和情景化的方法。

首先,适用性原则。通过文献梳理,找到前人的相关研究问卷及具体题项。如果不是做专门的量表开发研究,一般以借鉴国外成熟的、经过多次验证的量表作为研究基础。笔者再根据具体的研究情境,进行适当的微调整。

其次,专家意见一致性原则。为了确保量表的内容效度,更好地反映测量的问题,邀请本专业及相关专业的教授、导师和研究生同学,对问卷进行整体讨论。如果有 2 位以上专家认为某题目有问题,就需要及时修正。笔者请各位专家对题项的表达语句、顺序等进行了一定的调整。

最后,对参与线上服务创新的顾客进行访谈。为了确保调查对象对调查问题有一致的理解,笔者邀请了 3 位经常参与不同企业线上活动的学生顾客进行深度访谈,根据他们的意见删除或保留测量项目。

第二节　研究变项之操作型定义与问项

根据本书的需要,将创新氛围划分为知识共享、虚拟赋权、任务导向、在线激励四个维度。具体而言,知识共享分为顾客与企业知识共享和顾客间知识共享两个维度;虚拟赋权分为顾客评论权、顾客选择权、顾客决策权三个维度;任务导向分为单一的任务形式、明确的任务目标、清晰的任务标准三个维度;在线激励分为虚拟和实物激励两个维度。顾客创造力分为新奇型创造力与效用型创造力两个维度。支持创新的工作氛围量表数据是由 Ekvall 和 Arvonen(1983)开发的创新氛围量表(CIQ)测量的,该量表由创意问题解决小组在1992 年进行了完善。CIQ 创新氛围量表包括 60 个项目,涵盖检测与创新相关的工作氛围中的十个维度。测量工作环境的方面,与创新的产出相关性特别大(Ekvall,Tängeberg-Anderson,1986;Amabile,1988)。CIQ 分数越高表明越有利于创新。

本书包含七个重要变量:知识共享、虚拟赋权、任务导向、在线激励、创造性自我效能感、积极情绪和顾客创造力。在本书的架构中,知识共享、任务导向、虚拟赋权、在线激励为四个自变项,创造性自我效能感和积极情绪为中介变量,顾客创造力为依变量。变量量表根据文献既有的量表进行预先整理,再依本书之定义加以修正。为保证所用量表的信度和效度,本书尽量选取国内外文献中地位较显著的量表,并进行双盲翻译。将量表先由英文译成中文,再译回英文,将相差太大的句子通过反复讨论确定最合适的表述。对于个别不能直接使用的量表问项,在原有基础上对变量的定义进行一些修改或新增题项。根据量表测量指标设计调查问卷,采用李克特 7 点量表计分,其中 1 代表完全不同意,7 代表完全同意。对于自变量创新氛围,主要根据 West(1990)、Foss(2014)、Farmer(2003)等的研究经验,结合本书特点,共设计了 13 个条目,对知识共享、虚拟赋权、任务导向、在线激励四个维度进行了测量。借鉴 Phillips(1997)的研究,设计 4 个条目测量创造性自我效能感;借鉴 Johann(2010)的前期研究,设计了 5 个条目测量积极情绪体验;借鉴 Woodman、Sawyer 和 Griffin(1993)的前期研究,设计了 5 个条目测量顾客创造力。"受教育水平""参与频率""收入水平""年龄结构"被选取为本书中的四个控制变量。信度为测验的稳定性和可靠性,即受试者的回答可信程度,不论测量几次结果都是一致的,没有信度就没有效度。所以采用李克特量表时,为了检测内部一致性的信度,采取的方法为 Cronbach's α。一般而言,每个构面所属问卷题目,系数高于 0.7 为高信度;0.7~0.5 为尚可接受;小于 0.35 要予以拒绝。本书各问项信度部分采取 Cronbach's α 信度系数,对总项相关系数过低的问项予以删除,从而降低测量工具的随机误差。根据文献探讨与本书的目的,定义各研究变项的操作性定义分别如下。

一、知识共享

(一)操作性定义

本书所界定的知识共享是参考 West(1990)所做的分类进行的,指在社区成员彼此之间相互交流的知识,将大家所知道的知识共享在同一个平台上,使知识由个人的经验扩散到集体的层面。因此,在社区内部,成员可以通过共享知识找到解决问题的方法。

(二)测量工具

本书测量知识共享是参考 West(1990)所发展的量表,共分为 4 题。问卷采用李克特 7 点量表,1 表示非常不同意,7 表示非常同意,题项分数加总平均之后的分数作为衡量标准,量表分数越高者表示知识共享程度越高,其总题项 Cronbach's α 列在表 5-1 中。知识共享 α=0.924,介于 0.75 与 0.95 之间,显示各量表之题项具有良好的内部一致性。

表 5-1 企业在线知识共享的创新氛围问项内容

衡量构面与 Cronbach's α	问卷题项
知识共享 (α=0.924)	在企业创建的虚拟品牌社区中,企业经常提供或共享资源,帮助我产生新想法或实现新应用
	在企业创建的虚拟品牌社区中,我向企业提供关于自我及我所知道的信息资源
	在企业创建的虚拟品牌社区中,企业经常提供一些专业知识或技术的培训或指导,并对我提出的问题给予解答
	在企业创建的虚拟品牌社区中,顾客间经常共享知识信息

二、虚拟赋权

(一)操作性定义

本书采用 Rabin 等(2001)、Foss(2014)等所做的顾客赋权的定义,指使参与中的顾客拥有很大程度的自主权和独立性,使他们获得评论、选择、决策及付诸行动的权利,这些权利的使用能够影响企业的最终创新决策。

(二)测量工具

本书以 Foss(2014)等人所发展的量表为基础,考虑到顾客参与的特殊性,共设计了 3 题,衡量方式依李克特 7 点量表测量,从 1 代表非常不同意,到 7 代表非常同意,并将其题项分数加总平均之后的分数作为衡量标准,其分数越大,表示在线服务企业对顾客的赋权程度越高。其总题项的 Cronbach's α 列在表 5-2 中。虚拟赋权 α=0.955,高于 0.95,显示各量表之题项具有良好的内部一致性。

表 5-2　虚拟赋权的问项内容

衡量构面与 Cronbach's α	问卷题项
虚拟赋权 (α=0.955)	在交互网络中,我有一定的评论权
	在交互网络中,我有一定的选择权
	在交互网络中,我有一定的决策权

三、任务导向

(一)操作性定义

本书中的任务导向是指在线企业的创新社区中,通过"任务"来诱发、维持和加强顾客参与企业的服务创新项目,像闯关游戏一样,以任务项目来贯穿整个创新过程,激发顾客创新和提升顾客创造力。

(二)测量工具

本书之题项以 Farmer(2003)所发展出的题项为主,问卷题项共 4 题,衡量方式依李克特 7 点量表,1 表示非常不同意,7 表示非常同意,将题项分数加总平均之后的分数作为衡量标准,量表分数越高表示环境动态性越高,其总题项

$Cronbach's\ \alpha$ 列在表 5-3 中。任务导向 $\alpha = 0.785$，介于 0.75 与 0.95 之间，显示各量表之题项具有良好的内部一致性。

表 5-3 任务导向的问项内容

衡量构面与 $Cronbach's\ \alpha$	问卷题项
任务导向 （$\alpha = 0.785$）	我参与完成的工作是以单个任务形式出现的
	我参与完成的工作有清晰的工作标准
	我参与完成的工作有明确的任务目标
	我参与完成的工作总是朝向开发新服务、提出新方案展开的

四、在线激励

(一)操作性定义

本书采用 West(1990)文章中描述的观点，将顾客在线激励分为物质激励和精神激励。其中精神激励如虚拟身份等级、声誉、名望等，物质激励如金钱及虚拟货币、奖品礼物等。

(二)测量工具

本书以 West(1990)等人所发展的量表为基础，共设置了 6 个题目。问卷采用李克特 7 点量表，1 表示非常不同意，7 表示非常同意，将题项分数加总平均之后的分数作为衡量标准，量表分数越高表示感受到的在线激励氛围越好，其总题项 $Cronbach's\ \alpha$ 列在表 5-4 中。在线激励 $\alpha = 0.935$，介于 0.75 与 0.95 之间，显示各量表之题项具有良好的内部一致性。

表 5-4 在线激励的问项内容

衡量构面与 $Cronbach's\ \alpha$	问卷题项
在线激励 （$\alpha = 0.935$）	参与可使我获得一定的虚拟等级（名望）激励
	参与可使我获得一定的网络积分激励
	参与可使我获得一定的虚拟身份激励
	参与可使我获得一定的价格折扣激励
	参与可使我获得一定的优先使用激励
	参与可使我获得一定的特定权利激励

五、创造性自我效能感

（一）操作性定义

本书采用 Phillips(1997)的观点，将创造性自我效能感定义为个人认为自己能够生产创造性产品或服务的能力及程度。它是指个人对自身能否完成某一活动的能力判断和信念，而这种判断和信念又能影响人们对行为的选择和所投入努力的大小，并最终决定其在特定活动中所表现出的能力。

（二）测量工具

本书以 Podsakoff(1989)等人所发展之量表为主，共 4 题。问卷采用李克特 7 点量表，1 表示非常不同意，7 表示非常同意，将题项分数加总平均之后的分数作为衡量标准，量表分数越高表示个体的创造性自我效能感越强，其总题项 Cronbach's α 列在表 5-5 中。创造性自我效能感 $\alpha=0.945$，介于 0.75 与 0.95 之间，显示各量表的题项具有良好的内部一致性。

表 5-5　创造性自我效能感的问项内容

衡量构面与 Cronbach's α	问卷题项
创造性自我效能感 （$\alpha=0.945$）	我认为自己是一个有发明才能的人
	我认为自己的思想及行为是富有创造力的和原创性的
	我认为自己对服务创新项目是了解的，且有自己独特的见解
	我认为自己对于企业线上服务创新拥有较丰富的专业知识（关于技术、资源、市场理解和产品设计等）

六、积极情绪

（一）操作性定义

本书采用 Johann(2010)的观点，将积极情绪体验定义为个体由于体内外刺激、事件满足个体需要而产生的伴有愉悦感受的情绪。在消费领域，积极情绪是指消费者获得的成就感、满足感、享乐感等（Prahalad，2004）。

（二）测量工具

本书以 Johann(2010)等人所发展的量表为基础，共 5 题。问卷采用李克特 7 点量表，1 表示非常不同意，7 表示非常同意，题项分数加总平均之后的分数作为衡量标准,量表分数越高者表示顾客参与服务创新过程中的积极情绪体验越高,其总题项 Cronbach's α 列在表 5-6 中。积极情绪 $\alpha=0.945$,介于 0.75~0.95 之间,显示各量表之题项具有良好的内部一致性。

表 5-6 积极情绪的问项内容

衡量构面与 Cronbach's α	问卷题项
积极情绪 ($\alpha=0.945$)	在线参与企业服务创新让我感觉很激动
	在线参与企业服务创新让我感觉很愉快
	在线参与企业服务创新让我感觉很兴奋
	在线参与企业服务创新让我感觉很有趣
	在线参与企业服务创新让我感觉满足

七、顾客创造力

(一)操作性定义

本书采用 Woodman、Sawyer 和 Griffin(1993)的观点,将顾客创造力定义为顾客在参与服务创新过程中自身产生的新颖的、有一定价值的想法或方法的能力。

(二)测量工具

本书以 Woodman、Sawyer 和 Griffin(1993)等人所发展的量表为主,共 6 题。问卷采用李克特 7 点量表,1 表示非常不同意,7 表示非常同意,题项分数加总平均之后的分数作为衡量标准,量表分数越高表示顾客创新创造的能力越高,其总题项 Cronbach's α 列在表 5-7 中。顾客创造力 $\alpha=0.945$,介于 0.75 与 0.95 之间,显示各量表之题项具有良好的内部一致性。

本书还包含四个控制变量,主要涉及消费者的个体特性方面,分别为:参与消费者的年龄、教育程度、收入和参与频率。

表 5-7　顾客创造力的问项内容

衡量构面与 Cronbach's α	问卷题项
顾客创造力 （α＝0.945）	顾客提出过新颖或改进的想法,并被企业接纳
	顾客提出过新的或改进的服务流程设计方案,并被企业接纳
	顾客提出过新的或改进的服务产品设计方案,并被企业接纳
	对企业而言,顾客提出的想法具有一定的实用性和可操作性
	对企业而言,顾客提出的服务流程设计方案具有一定的实用性和可操作性
	对企业而言,顾客提出的服务产品设计方案具有一定的实用性和可操作性

第三节　正式测量量表的形成

　　从 2015 年 6 月到 2016 年 5 月,对线下消费者发放前期测调研问卷,进行"您对网络营销的了解及参与程度""您是否参与过公司品牌虚拟社区服务创新活动"等问题的前期筛选测试。选取有在网络虚拟品牌社区进行创新参与行为的消费者进行正式问卷的测量填写,共发放问卷 500 份,回收问卷 430 份,剔除信息错误、填写不完全问卷,共有 392 份有效问卷,有效率 78.4%。对问卷数据的遗漏项、异常值等处理后,用 SPSS 22.0 进行初步分析,对量表的信度、效度进行检验。特别需要指出的是,本问卷采取自填式量表,由单一的顾客方完成问卷的填写。原因在于只有当参与服务创新的每个顾客都能感受到自己的创新努力得到保护和奖赏时,顾客才能迸发出最大的创造力(范秀成,2014)。

第六章　企业创新氛围与顾客创造力驱动机理关系的实证研究

　　根据上述理论分析和研究假设,本书构建了创新氛围、创造性自我效能感、积极情绪、顾客知识匹配度对顾客创造力的影响研究概念模型。实证研究的内容及过程包括问卷回收与样本特征、研究模型变量的缩减、多元常态检定、测量模型及结构方程模型的测量、共同方法变异的检定、问卷信效度评估,并对研究假设及中介、调节作用加以验证。以 SPSS 22.0 为分析工具,验证模型和假设。对问卷的样本特征主要用描述性统计分析,采用相关分析和逐步多元回归分析对因变量和自变量关系检验;使用 AMOS 22.0 进行验证性因子分析(CFA),用于分析完整测量模型、收敛和区别效度。模型整体的拟合度指标,选取了比较拟合指数(CFI)、增量拟合指数(IFI)、塔克—刘易斯指数(TLI),采用近似均方根误差(RMSEA)和标准均方根残差(SRMR)评估整体模型的拟合度(Hu et al.,1998);采用组合信度(CR)和平均方差萃取量(AVE)来评估构建效度(Fornell et al.,1981)。为了检查中介效果,我们进行了偏差校正的 Bootstrapping 分析(MacKinnon et al.,2004)。为了检验带调节作用的中介效果,我们将自变量和调节变量相乘获得一个新的变量,然后使用 PROCESS 插件来估计调节作用下的中介效应(Hayes,2013)。我们还检查了多重共线性,表明本书中多重共线性不是一个严重问题。最后,我们还进行了单元、多元常态检验,结果表明,这一工作满足了正态性假设。人口统计学变量对顾客创造力的影响关系检验采用线性回归方法分析。

　　从表 6-1 可以看出,正式调研的参与用户中,年龄小于 30 岁的年轻人为主,占比 73.73%,收入在 3000 元/月以下的占比 97.29%,受教育水平在本科及以上的占比72.70%,这与在线服务企业的属性有关。在所有的参与者中,30.61%的人会定期参与企业组织的在线服务创新活动,6.39%的人经常互动参与企业组织的在线服务创新活动。

表6-1　描述性统计分析

项目		频率	百分比/%	有效百分比/%	累积百分比/%
受教育水平	高中及以下	17	4.34	4.34	4.34
	大专	90	22.96	22.96	27.30
	本科	282	71.94	71.94	99.24
	硕士及以上	3	0.76	0.76	100.00
	合计	392	100.00	100.00	
参与频率	较少	97	24.74	24.74	24.74
	有时	150	38.26	38.26	63.00
	定期	120	30.61	30.61	93.61
	经常	25	6.39	6.39	100.00
	合计	392	100.00	100.00	
收入水平	无	283	72.19	72.19	72.19
	2000元以下	96	24.49	24.49	96.68
	2000~3000元	2	0.51	0.51	97.19
	3000~5000元	6	1.53	1.53	98.72
	5000元以上	5	1.28	1.28	100.00
	合计	392	100.00	100.00	
年龄	20岁及以下	9	2.30	2.30	2.30
	21~30岁	280	71.43	71.43	73.73
	31~50岁	91	23.21	23.21	96.94
	51~60岁	12	3.06	3.06	100.00
	合计	392	100.00	100.00	

第一节　信度与效度检验

　　信度为测验的稳定性和可靠性,即受试者回答的可信程度,不管测量几次结果都是一致的,没有信度就没有效度。所以采用李克特量表时,较常见的检测内部一致性之信度的方法为 Cronbach's α。Cronbach's α 系数比较适用于态度、意见式量表的信度检验。α 系数在 0~1 之间,数值越大,可靠性越好。一般而言,每个构面所属问卷题目,系数高于 0.7 为高信度;0.7~0.5 为尚可接受;小于 0.35 要予以拒绝(吴明隆,2009)。本研究之问项信度部分采取 Cronbach's α 信度系数,对总项相关系数过低的问项予以删除,以降低测量工具的随机误差。做实证研究,只有满足信度和效度要求,其结果才具有说服力(李怀祖,2006)。在大量文献研究的基础上,本书建立了一个理论模型和测量量表,并通过专家小组、专家小组讨论对测量量表进行修正,因此,总体研究结构以及数据获取应该不存在明显的信度和效度问题。本书应用一致性指数 Cronbach's α 来检验信度,应用因子分析来检验构建效度。

　　本书运用 SPSS 22.0 统计分析软件,运用主成分分析法和最大标准差旋转法。结果表明各维度 KMO 值都在 0.7 以上,Bartlett 球形检验卡方值显著,适合做因子分析。

一、信度检验结果与分析

　　在第五章中,笔者对初测量表各维度项目做了信度和效度分析。本节用 SPSS 22.0 对正式量表各维度的信度和效度做进一步验证,确保研究的科学性。量表各维度测量项目的 α 值都大于 0.65,删项后的 α 值都小于没删项之前的 α 值,修正问项总相关系数(CITC)等于或大于 0.4,信度良好。各维度 KMO 值都在 0.7 以上,Bartlett 球形检验卡方值显著。验证性因子分析指标 RMSE、GFI、NFI、CFI、PGFI、X2/DF 达到标准要求,量表结构效度良好。

　　CR 值是所有测量变项信度的组合,表示构念指标的内部一致性,CR 愈高,表示构念的内部一致性愈高,0.7 是可接受的门槛(Hair,1997)。Fornell 和 Larcker(1981)建议值为 0.6 以上。AVE(average of variance extracted)指平均方差萃取量,是计算潜在变量之测量变量的变异数解释力,若 AVE 愈高,则表示构念有愈高的信度与收敛效度。一般情况下,标准值须大于 0.5 (Fornell,Larcker,1981)。通过第四章的计算数据,我们发现 7 个潜在变数的 CR 和 AVE 都达到普遍标准(CR>0.60,AVE>0.50),但是我们发现 KS 的 AVE 值无法达到 0.50 以上(见表 6-2),这种情况也常见,因此有学者建议如果有 70%～80% 的变数 AVE 达到 0.50 以上,20% 的变数 AVE 达到 0.30 或者 0.40 的标准都可以接受;另外,2006 年 Hair 等人的研究也指出,标准化因素负荷量至少达到 0.50,那么按公式计算下来 AVE 就是 0.50×0.50,等于 0.25,因此有学者提出 AVE 达到 0.25 也是没问题的。

表 6-2   各变量的 CFA 检验

假设路径	UNSTD	S. E.	C. R.	p 值	STD	SMC	1-SMC	CR	AVE
tasko3 <＿ tao	1.000				0.871	0.759	0.241		
tasko2 <＿ tao	1.028	0.056	18.206	＊＊＊	0.870	0.757	0.243	0.75	0.51
tasko1 <＿ tao	0.726	0.057	12.755	＊＊＊	0.665	0.442	0.558		
insent4 <＿ is	1.000				0.732	0.536	0.464		
insent3 <＿ is	1.069	0.084	12.756	＊＊＊	0.815	0.664	0.336	0.89	0.63
insent2 <＿ is	0.913	0.082	11.092	＊＊＊	0.691	0.477	0.523		
insent1 <＿ is	0.939	0.082	11.419	＊＊＊	0.713	0.508	0.492		
ks3 <＿ ks	0.926	0.077	12.093	＊＊＊	0.742	0.551	0.449		
ks2 <＿ ks	0.900	0.082	11.018	＊＊＊	0.672	0.452	0.548	0.69	0.42
ks1 <＿ ks	1.000				0.779	0.607	0.393		
creat1 <＿ ce	1.000				0.833	0.694	0.306		
creat2 <＿ ce	0.890	0.061	14.498	＊＊＊	0.801	0.642	0.358	0.86	0.61
creat3 <＿ ce	0.773	0.063	12.257	＊＊＊	0.686	0.471	0.529		
creat4 <＿ ce	0.709	0.065	10.880	＊＊＊	0.619	0.383	0.617		

续表

假设路径	UNSTD	S. E.	C. R.	p 值	STD	SMC	1-SMC	CR	AVE
pm1　<_ pm	1.000				0.913	0.834	0.166		
pm2　<_ pm	0.892	0.034	26.092	＊＊＊	0.918	0.843	0.157	0.88	0.71
pm3　<_ pm	0.816	0.035	23.584	＊＊＊	0.881	0.776	0.224		
pm4　<_ pm	0.765	0.039	19.615	＊＊＊	0.810	0.656	0.344		
C21　<_ creativity	0.737	0.078	0.939	＊＊＊	0.697	0.486	0.514		
C22　<_ creativity	0.706	0.078	9.025		0.634	0.402	0.598	0.86	0.62
C23　<_ creativity	1.000				0.846	0.716	0.284		
vp3　<_ vp	1.000			＊＊＊	0.746	0.557	0.443		
vp2　<_ vp	1.141	0.078	14.655	＊＊＊	0.883	0.780	0.220	0.77	0.52
vp1　<_ vp	0.989	0.077	12.866	＊＊＊	0.756	0.572	0.428		

注:①Model fit indices(模型拟合指数):$\chi^2 = 824.834$,$df = 322$,$\chi^2/df = 2.562$,CFI $= 0.901$,IFI$= 0.902$,TLI$= 0.884$,RMSEA$= 0.063$,SRMR$= 0.063$。

②UNSTD(非标准化系数),S. E. (标准误差),STD(标准化系数)。

③＊＊＊,表示 $p < 0.001$。

二、效度检验结果与分析

CFA 是结构方程的次模型,一般而言,CFA 是进行整合性结构方程模式分析的前置步骤,当然也可以独立进行。CFA 所检验的是测量变项与潜在变项的假设关系,可以说是结构方程模型模式最基础的测量部分,不但是结构方程模式中后续高阶统计的检验基础,而且可以应用于可靠性和有效性的实验和理论检验(Bentler,1989)。对七个构面潜在变量进行的 CFA 表明,我们的模型配适度良好($\chi^2 = 824.834$,$df = 322$,$\chi^2/df = 2.562$,CFI$= 0.901$,IFI$= 0.902$,TLI$= 0.884$,RMSEA$= 0.063$,SRMR$= 0.063$,见图 6-1)。实务上 p 值在 200 个样本以上,几乎所有的研究都是显著的,因此 Tanaka(1993)、Maruyama(1998)等认为,一般应佐以其他的配适度指标协助判断。

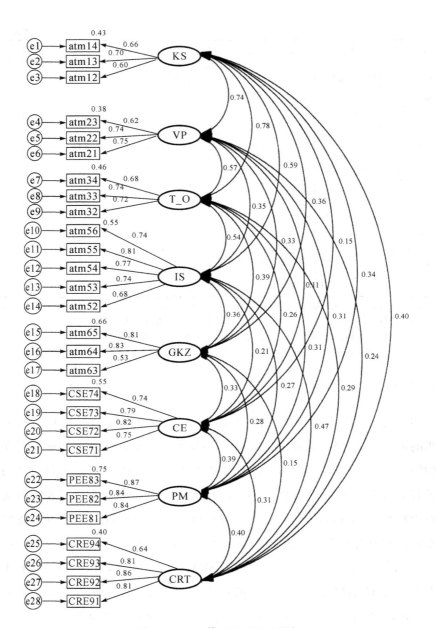

图 6-1 CFA 模型及配适度指标

第二节　研究模型及数据的常态检定

SPSS(2008)及 Kline(2005)提出经验法则,判断变量是否符合单变量常态分布的标准,假如偏态绝对值在 2 以内,峰度在 8 以内,则称变量符合单变量常态。多元常态检定的临界比(critical ratio)在 10 以内,则可视为数据符合多元常态,当发现数据多元常态大于 10 时,即使数据虽符合单变量常态,但却不符合多元常态,仍可能造成估计时卡方值的膨胀,虽然 ML 估计法对中度的多元非常态资料具有强韧性(robust),亦即资料即使违反统计假设仍可得到相当的信度与效度,不过本研究仍对非多元常态是否会造成严重的影响加以了解,因此采用自助法(Bootstrap)加以解决,如果估计值及标准误差均无极大的差异,则可说明即使在多元非常态下,最大概似估计法仍然是可信的。

一、常态分配检验

为确认单元常态分配,我们要看偏态和峰度绝对值,skew 为偏态数值,绝对数值均小于 3;kurtosis 为峰度数值,绝对数值均小于 10,因此符合单变量常态分布(见表 6-3)。

表 6-3　常态性检验

变量	最小值	最大值	偏度	临界比值	峰度	组合信度
CRE91	2.000	7.000	−0.559	−4.520	0.006	0.023
CRE92	2.000	7.000	−0.408	−3.298	−0.192	−0.778
CRE93	2.000	7.000	−0.495	−4.004	−0.024	−0.097
CRE94	3.000	7.000	−0.461	−3.730	−0.104	−0.420
PEE81	1.000	7.000	−0.665	−5.373	1.073	4.335
PEE82	1.000	7.000	−0.572	−4.623	1.110	4.486
PEE83	1.000	7.000	−0.513	−4.150	0.469	1.896
CSE71	2.000	7.000	−0.033	−0.270	−0.767	−3.098
CSE72	2.000	7.000	−0.387	−3.125	−0.376	−1.520

续表

变量	最小值	最大值	偏度	临界比值	峰度	组合信度
CSE73	2.000	8.000	−0.249	−2.014	−0.485	−1.961
CSE74	2.000	7.000	−0.263	−2.126	−0.617	−2.494
atm63	2.000	7.000	−0.416	−3.359	−0.398	−1.607
atm64	1.000	7.000	−0.423	−3.423	−0.002	−0.007
atm65	1.000	7.000	−0.519	−4.195	0.110	0.445
atm52	1.000	7.000	−0.741	−5.993	0.317	1.281
atm53	2.000	7.000	−0.496	−4.011	−0.446	−1.803
atm54	2.000	7.000	−0.547	−4.424	−0.229	−0.927
atm55	2.000	7.000	−0.445	−3.596	−0.198	−0.799
atm56	1.000	7.000	−0.533	−4.305	0.264	1.068
atm32	2.000	7.000	−0.549	−4.436	−0.060	−0.147
atm33	2.000	7.000	−0.633	−5.115	−0.069	−0.279
atm34	1.000	7.000	−0.719	−5.814	0.830	3.354
atm21	2.000	7.000	−0.620	−5.013	−0.073	−0.295
atm22	1.000	7.000	−0.929	−7.513	0.704	2.846
atm23	1.000	7.000	−0.692	−5.593	0.132	0.532
atm12	1.000	7.000	−0.608	−4.913	0.139	0.563
atm13	2.000	7.000	−0.759	−6.133	−0.118	−0.477
atm14	2.000	7.000	−0.749	−6.053	0.035	0.141
Multivariate					170.077	**41.078**

二、多元常态检验

多元常态的检验,要看 Mardia 系数。我们有 28 个观察变数,利用公式求得期望值为 $28 \times 28 + 2 = 786$,而 Mardia 系数要小于 786 才能保证多元常态分配,我们从表 6-3 的粗字体找到 Mardia 系数,为 41.078,小于 786,说明符合多元常态分配。

三、多重共线性检验

通过应用 percentile method 计算 2000 遍 Bootstrapping 的表格，我们发现信赖区间都没有包括 1，也就是说变数间虽然两两相关，但是没有共线性问题，证明有区隔效度，见表 6-4。

表 6-4　多重共线性检验

Parameter 参数			Estimate 估计值	Lower	Upper	p 值
KS	↔	VP	0.729	0.606	0.845	0.001
KS	↔	T_O	0.785	0.650	0.900	0.001
KS	↔	IS	0.590	0.485	0.686	0.001
KS	↔	GKZ	0.363	0.222	0.488	0.001
KS	↔	CE	0.147	0.011	0.283	0.033
KS	↔	PM	0.338	0.191	0.467	0.002
KS	↔	CRT	0.410	0.288	0.536	0.001
VP	↔	T_O	0.540	0.395	0.671	0.001
VP	↔	IS	0.378	0.276	0.493	0.001
VP	↔	GKZ	0.321	0.210	0.443	0.001
VP	↔	CE	0.117	−0.016	0.243	0.070
VP	↔	PM	0.303	0.169	0.426	0.001
VP	↔	CRT	0.258	0.131	0.378	0.001
T_O	↔	IS	0.544	0.455	0.639	0.000
T_O	↔	GKZ	0.391	0.267	0.508	0.001
T_O	↔	CE	0.264	0.156	0.374	0.001
T_O	↔	PM	0.308	0.194	0.422	0.001
T_O	↔	CRT	0.296	0.167	0.418	0.001
IS	↔	GKZ	0.365	0.235	0.485	0.001
IS	↔	CE	0.217	0.083	0.345	0.002
IS	↔	PM	0.267	0.139	0.388	0.001
IS	↔	CRT	0.472	0.380	0.563	0.001

续表

Parameter 参数			Estimate 估计值	Lower	Upper	p 值
GKZ	↔	CE	0.331	0.202	0.451	0.001
GKZ	↔	PM	0.275	0.130	0.401	0.001
GKZ	↔	CRT	0.151	0.033	0.260	0.015
CE	↔	PM	0.388	0.293	0.488	0.001
CE	↔	CRT	0.314	0.195	0.427	0.001
PM	↔	CRT	0.396	0.269	0.506	0.001

四、共同方法变异检定

本书在问卷发放调查设计之初,即已考虑到如何降低共同方法变异的问题,在执行完 CFA 后,利用哈门氏单因子法(Harman's one single factor)及执行单因子验证式因素分析,检验构面是否有共同方法变异的问题。哈门氏单因子检定法是目前广泛使用于检查问卷是否有共同方法变异的统计技术。

从表 6-5 和表 6-6 中可以看出,因素分析结果总共得到七个构面,总解释能力达到 74.359%,并没有发生第 1 种情形,得到一个因素。七个因素的变异数也从最大的 12.936% 到最小的 9.316%,每构面的平均解释能力为 10.62%,标准偏差为 1.62%,因素最大解释能力并未比平均解释能力大过 2 个标准偏差,意即 3.24%,最低的因素解释能力减平均解释能力也没差过 2 个标准偏差,因此七个因素的解释变异相当平均,因此可以很清楚地看出,本次问卷并未发生共同方法变异的事实。

表 6-5　因素分析总变异量累积

成分	初始特征值			提取平方和载入			旋转平方和载入		
	合计	方差的百分比	累积百分比	合计	方差的百分比	累积百分比	合计	方差的百分比	累积百分比
1	6.086	27.662	27.662	6.086	27.662	27.662	2.846	12.936	12.936
2	2.835	12.888	40.550	2.835	12.888	40.550	2.584	11.746	24.682

续表

成分	初始特征值			提取平方和载入			旋转平方和载入		
	合计	方差的百分比	累积百分比	合计	方差的百分比	累积百分比	合计	方差的百分比	累积百分比
3	2.007	9.123	49.673	2.007	9.123	49.673	2.383	10.832	35.514
4	1.822	8.283	57.956	1.822	8.283	57.955	2.294	10.429	45.943
5	1.435	6.521	64.477	1.435	6.521	64.476	2.123	9.648	55.591
6	1.106	5.028	69.505	1.106	5.028	69.504	2.079	9.452	65.043
7	1.068	4.855	74.360	1.068	4.855	74.359	2.050	9.316	74.359
8	0.681	3.096	77.456						
9	0.581	2.643	80.098						
10	0.500	2.275	82.373						
11	0.487	2.212	84.585						
12	0.450	2.044	86.630						
13	0.442	2.009	88.638						
14	0.396	1.799	90.437						
15	0.368	1.673	92.110						
16	0.334	1.517	93.626						
17	0.303	1.378	95.004						
18	0.253	1.149	96.153						
19	0.236	1.072	97.225						
20	0.218	0.990	98.215						
21	0.202	0.920	99.134						
22	0.190	0.866	100.000						

注:提取方法:主成分分析。

表 6-6 探索性因子分析旋转后的成分矩阵[a]

	1	2	3	4	5	6	7
CSE72	0.870						
CSE71	0.851						

续表

	1	2	3	4	5	6	7
CSE73	0.821						
CSE74	0.732						
PEE82		0.867					
PEE83		0.863					
PEE81		0.840					
CRE92			0.878				
CRE93			0.816				
CRE91			0.807				
atm52				0.861			
atm53				0.805			
atm51				0.797			
atm31					0.806		
atm32					0.715		
atm33					0.715		
atm12						0.735	
atm13						0.735	
atm11						0.721	
atm22							0.781
atm23							0.777
atm21							0.741

注:提取方法:主成分。

旋转法:具有 Kaiser 标准化的正交旋转法。

a. 旋转在 6 次迭代后收敛。

五、相关性分析

通过 SPSS 软件对本书涉及的 12 个变量(包括控制变量)进行相关分

析,结果如表 6-7 所示。解释变量(知识共享、虚拟赋权、任务导向和在线激励)与中介变量(创造性自我效能感和积极情绪)和被解释变量(顾客创造力)之间亦存在显著的相关关系,这为本研究的预期假设提供了初步证据。但相关关系只是表明变量相关关系的存在,不一定表示变量间存在因果关系。因此,后文将采用多元线性回归方法对各研究变量之间的关系进行更精确的验证。

表 6-7　相关性分析

	均值	标准差	1	2	3	4	5	6	7	8
1 虚拟赋权	5.6565	0.93943	1.000							
2 知识共享	5.3724	0.99653	0.518**	1.000						
3 任务导向	5.5510	0.88607	0.433**	0.576**	1.000					
4 在线激励	5.3303	0.89715	0.305**	0.463**	0.443**	1.000				
5 顾客知识匹配度	5.2534	0.97153	0.282**	0.307**	0.330**	0.327**	1.000			
6 创造性自我效能感	5.4279	0.89885	0.295**	0.221*	0.212**	0.199**	0.293**	1.000		
7 积极情绪	5.4762	0.88465	0.217**	0.275**	0.250**	0.240**	0.247**	0.338**	1.000	
8 顾客创造力	5.5325	0.81901	0.213**	0.323**	0.252**	0.408**	0.158**	0.278**	0.343**	1.000

注:** 表示 $p < 0.01$,* 表示 $p < 0.05$。

表 6-7 给出了本书中使用的所有变量之间的均值、标准偏差和相关系数。结果表明,8 个变量之间都存在中度到高度的相关。从估计的标准化系数来看,所有潜在变量之间的两两相关系数介于 $0.221 \sim 0.576$,表示变量之间没有共线性的存在,也没有不相关的变量存在于 SEM 的研究之中。这一个步骤主要是先了解 SEM 分析的可行性,如果有相关过高时(> 0.85),表示共线性存在,在执行 SEM 分析时,可能得到系数方向相反的结果,进而导致错误的推

论。但若大部分相关都太低,可能造成模型没有解释能力及路径不显著的结果。另外,本研究所有残差皆为正数,且表现出显著水平,没有违反估计的问题。

六、结构方程模型及模型修正

当我们建构验证式因素分析或结构方程模型时,并不是每个模型都能符合研究的预期。研究人员有时需要重新改善模型配适不佳的情形,这个模型修正的过程,就称为模型设定搜索(model specification search)(Leamer,1978),修正时可以依照理论的根据或依靠 SEM 软件产生的参考指针对配适度不良的模型或不必要的估计参数加以修正。虽然软件会提供多种讯息协助研究人员修正模型,但借此讯息来执行模型的改善需要理论作为依据及研究的合理性评估,修正指示(modification index,MI)标准化残差共变异数矩阵是最适合的判定标准。Chin(1998)强调,结构方程模型分析结果,模式配适度不能太差,这是 SEM 分析的必要条件,因为一个配适度良好的模型与配适度不佳的模型,可能得到的系数大小不同甚至可能完全相反的结果。为了便于与 CFA 模型来进行识别,必须有至少 3 个一阶因子(为一个标准的单因子 CFA 模型中的类似的要求是,它具有至少 3 个指标)。此外在模型中,每个第一阶因子应该至少有 2 个指标(见图 6-2)。

表 6-8　SEM 统计检定力的重要指标

指标名称与性质	范围	判断值	适用情形
卡方检验 χ^2 test	—		
理论模型与观察模型的契合情形		$p>0.5$	说明模型解释能力
χ^2/df(Wheaton et al.,1997)	—	$1\sim3$	不受模型复杂度的影响
适合度指标			
GFI(Bentler,1983)	$0\sim1$	$p>0.90$	说明模型解释能力
AGFI(Bentler,1983)	$0\sim1$	>0.90	不受模型复杂度的影响
PGFI(Mulaik,1989)	$0\sim1$	>0.50	说明模型的简单程度

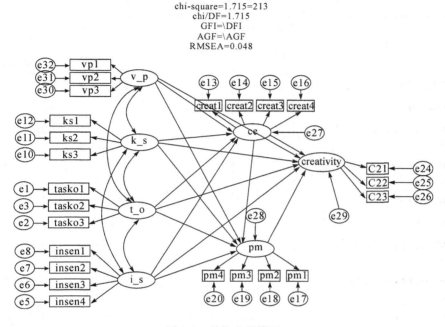

图 6-2　结构方程模型

七、中介效应的检验

关于中介效应的检验，大部分国内外学术研究借鉴 Baron 和 Kenny (1986)提出的因果逐步回归的检验方法(causal step regression)。但是，在检验方法的有效性和检验程序的合理性上，近年来有不少学者对 Baron 和 Kenny(1986)的因果逐步回归方法提出质疑和研究局限，例如多个并列的中介，多步中介的检验，有调节的中介检验，以及自变量、中介变量、因变量为分类变量时，如何检验却未能明晰。本书由于涉及两个中介变量同时还设有调节变量，为了研究结果更具科学性，选择用现阶段最为科学的 Bootstrap 方法进行中介和调节效应的分析。表 6-9 和表 6-10 显示了我们的主要假设检验结果。

表 6-9　创造性自我效能感的中介效应

变量	直接效应和总效应				间接效应		
	β	SE	t	p	Sobel test	Bootstrap	MacKinnon PRODCLIN2
CRT on VP	0.20	0.04	4.66	0.00	Value=0.03	M=0.030	M=0.031
CE on VP	0.13	0.05	2.72	0.01	SE=0.01	SE=0.013	SE=0.013
CRT on CE, controlling for VP	0.24	0.04	5.34	0.00	z=2.368	LL95%CI =−0.008	LL95%CI =0.007
CRT on VP, controlling for CE	0.17	0.04	4.06	0.00	p=0.02	UL95%CI =0.060	UL95%CI =0.059
CRT on KS	0.26	0.04	6.67	0.00	Value=0.02	M=0.024	M=0.024
CE on KS	0.11	0.05	2.45	0.02	SE=0.01	SE=0.012	SE=0.012
CRT on CE, controlling for KS	0.22	0.04	5.09	0.00	z=2.170	LL95%CI =0.005	LL95%CI =0.003
CRT on KS, controlling for CE	0.24	0.04	6.20	0.00	p=0.03	UL95%CI =0.051	UL95%CI =0.050
CRT on TO	0.24	0.05	5.27	0.00	Value=0.05	M=0.047	M=0.048
CE on TO	0.23	0.05	4.48	0.00	SE=0.02	SE=0.015	SE=0.016
CRT on CE, controlling for TO	0.21	0.05	4.67	0.00	z=3.197	LL95%CI =0.023	LL95%CI =0.021
CRT on TO, controlling for CE	0.19	0.05	4.24	0.00	p=0.00	UL95%CI =0.081	UL95%CI =0.083
CRT on IS	0.38	0.04	8.87	0.00	Value=0.04	M=0.037	M=0.036
CE on IS	0.20	0.05	4.09	0.00	SE=0.01	SE=0.014	SE=0.012
CRT on CE, controlling for IS	0.18	0.04	4.32	0.00	z=2.930	LL95%CI =0.015	LL95%CI =0.015
CRT on IS, controlling for CE	0.34	0.04	8.00	0.00	p=0.00	UL95%CI =0.069	UL95%CI =0.063

注:CRT＝顾客创造力,VP＝虚拟赋权,CE＝创造性自我效能感，KS＝知识共享,TO＝任务导向,IS＝在线激励。N＝392,控制变量包含了年龄、教育水平、收入水平和参与频率。

表 6-10　积极情绪的中介效应

变量	直接效应和总效应				间接效应		
	β	SE	t	p	Sobel test	Bootstrap	MacKinnon PRODCLIN2
CRT on VP	0.19	0.04	4.28	0.00	Value＝0.06	M＝0.058	M＝0.058
PM on VP	0.20	0.05	4.32	0.00	SE＝0.02	SE＝0.019	SE＝0.018
CRT on PM, controlling for VP	0.29	0.05	6.37	0.00	z＝3.54	LL95％CI ＝－0.025	LL95％CI ＝0.027
CRT on VP，controlling for PM	0.13	0.04	3.02	0.00	p＝0.00	UL95％CI ＝0.098	UL95％CI ＝0.096
CRT on KS	0.27	0.04	6.67	0.00	Value＝0.06	M＝0.062	M＝0.060
PM on KS	0.24	0.04	5.61	0.00	SE＝0.02	SE＝0.019	SE＝0.016
CRT on PM, controlling for KS	0.25	0.05	5.65	0.00	z＝3.95	LL95％CI ＝0.029	LL95％CI ＝0.032
CRT on KS, controlling for PM	0.20	0.04	5.12	0.00	p＝0.00	UL95％CI ＝0.102	UL95％CI ＝0.094
CRT on TO	0.24	0.05	5.27	0.00	Value＝0.07	M＝0.070	M＝0.070
PM on TO	0.26	0.05	5.26	0.00	SE＝0.02	SE＝0.021	SE＝0.019
CRT on PM, controlling for TO	0.27	0.05	6.01	0.00	z＝3.93	LL95％CI ＝0.036	LL95％CI ＝0.037
CRT on TO, controlling for PM	0.17	0.05	3.77	0.00	p＝0.00	UL95％CI ＝0.118	UL95％CI ＝0.111
CRT on IS	0.38	0.04	8.87	0.00	Value＝0.06	M＝0.057	M＝0.058
PM on IS	0.24	0.05	4.96	0.00	SE＝0.016	SE＝0.019	SE＝0.015
CRT on PM, controlling for IS	0.24	0.04	5.53	0.00	z＝3.66	LL95％CI ＝0.025	LL95％CI ＝0.030
CRT on IS, controlling for PM	0.32	0.04	7.57	0.00	p＝0.00	UL95％CI ＝0.100	UL95％CI ＝0.091

　　注：CRT＝顾客创造力，VP＝虚拟赋权，PM＝积极情绪，KS＝知识共享，TO＝任务导向，IS＝在线激励，N＝392，控制变量包含了年龄、教育水平、收入水平和参与频率。

　　参照 Preacher、Hayes(2004)和 Hayes(2013)提出的 Bootstrap 方法进行中介效应检验，样本量选择 5000，在 95％置信区间下，中介检验结果的确没有包含 0(LLCI＝1.7089，ULCI＝0.1597)，表明创造性自我效能感和积极情绪的中介效应显著。此外，控制了中介变量创造性自我效能感和积极情绪之后，自变量创新氛围各维度变量对因变量顾客创造力的影响显著,区间包含 0。因此创造性自我效能感和积极情绪在创新氛围对顾客创造力影响中发挥了部分中介作用(陈瑞等,2013)。

八、顾客知识匹配度的调节作用检验

根据消费者创造力对服务创新行为影响关系的分析结果,本节利用 SPSS 22.0 统计软件,分析知识异质性和创新氛围各维度变量对创造性自我效能感和用户创造力的影响。

由表 6-11 至表 6-17 可以看出,创造性自我效能感对知识共享、任务导向、虚拟赋权的创新氛围和顾客创造力起到部分中介效果,并且顾客知识匹配度可以调节这个中介效果的强弱度。积极情绪对知识共享、任务导向、虚拟赋权和在线激励的创新氛围与顾客创造力之间起到部分中介效果,但无法被顾客知识匹配度调节。例如,高虚拟赋权和积极情绪是正相关的,也就是高虚拟赋权导致高积极情绪,但顾客不会因为知识匹配度高而变得更开心,或者不会因为知识匹配度低而变得没那么开心甚至变得不开心,从而影响到顾客创造力。也就是说顾客的知识匹配度高,企业可能更愿意赋权多些,顾客也更积极主动些,但在给定的一定权限下,顾客知识匹配度高了,并不会让顾客更高兴、更积极参与。相反,有些顾客虽然可能知识匹配度不高,但积极情绪也不会降低。高虚拟赋权并不会因为高顾客知识匹配度而产生积极情绪,从而影响到顾客创造力而产生更多积极情绪(变得更开心)。

表 6-11　顾客知识匹配度调节作用下的中介效果检验(自变量:虚拟赋权)

Dependent variables predictors	β	SE	t	p
顾客创造力				
Constant(常数项)	4.33	0.27	15.82	0.00
创造性自我效能感	0.23	0.04	5.14	0.00
虚拟赋权	0.17	0.04	4.06	0.00
创造性自我效能感				

续表

Dependent variables predictors	β	SE	t	p
常数项	5.48	0.14	40.57	0.00
虚拟赋权（VP）	0.06	0.05	1.36	0.18
顾客知识匹配度（GKZS）	0.25	0.05	5.46	0.00
虚拟赋权×顾客知识匹配度	0.21	0.05	4.15	0.00
顾客创造力				
常数项	4.14	0.28	14.68	0.00
积极情绪	0.25	0.05	5.65	0.00
虚拟赋权	0.20	0.04	5.12	0.00
积极情绪				
常数项	5.72	0.14	42.14	0.00
虚拟赋权（VP）	0.15	0.05	3.14	0.00
顾客知识匹配度（GKZS）	0.20	0.05	4.28	0.00
虚拟赋权×顾客知识匹配度	−0.06	0.05	−1.13	0.26

注：$N=392$。控制变量包含了年龄、教育水平、收入水平和参与频率。报告了非标准化回归系数。知识共享、顾客知识匹配度和积极情绪三个变量在分析之前进行了中心化处理，置信区间为95％。Bootstrap样本大小为5000。

表 6-12　调节的中介效果（自变量：虚拟赋权）

中介变量	调节变量	带调节的间接效应	标准差	LL95％CI	UL95％CI
创造性自我效能感	高顾客知识匹配度	0.06	0.022	0.026	0.112
	低顾客知识匹配度	−0.03	0.016	−0.069	−0.007

注：采用Bootstrap方法进行调节中介效果检验，样本数为5000，取样方法选择偏差校正的非参数百分位法，置信区间为95％。区间（LLCI，ULCI）不包含0，则调节中介效应显著。

表 6-13 顾客知识匹配度调节作用下的中介效果检验(自变量:知识共享)

Dependent variables predictors	β	SE	t	p
顾客创造力				
常数项	4.38	0.27	16.45	0.00
创造性自我效能感	0.22	0.043	5.09	0.00
知识共享	0.24	0.039	6.20	0.00
创造性自我效能感				
常数项	5.49	0.14	10.08	0.00
知识共享(KS)	0.03	0.05	0.62	0.54
顾客知识匹配度(GKZS)	0.25	0.05	5.26	0.00
知识共享×顾客知识匹配度	0.12	0.05	2.73	0.00
顾客创造力				
常数项	4.14	0.28	14.68	0.00
积极情绪	0.25	0.05	5.65	0.00
知识共享	0.20	0.04	5.12	0.00
积极情绪				
常数项	5.73	0.13	42.64	0.00
知识共享(KS)	0.19	0.05	4.26	0.00
顾客知识匹配度(GKZS)	0.18	0.05	3.76	0.00
知识共享×顾客知识匹配度	−0.06	0.04	−1.40	0.16

注:$N=392$。控制变量包含了年龄、教育水平、收入水平和参与频率。报告了非标准化回归系数。知识共享、顾客知识匹配度和积极情绪三个变量在分析之前进行了中心化处理,置信区间为95%。Bootstrap 样本大小为5000。

表 6-14 调节的中介效果检验(自变量:知识共享)

中介变量	调节变量	带调节的间接效应	标准差	LL95% CI	UL 95%CI
创造性自我效能感	高顾客知识匹配度	0.03	0.017	0.004	0.070
	低顾客知识匹配度	−0.02	0.015	−0.054	−0.005

注:采用 Bootstrap 方法进行调节中介效果检验,样本数为5000,取样方法选择偏差校正的非参数百分位法,置信区间为95%。区间(LLCI,ULCI)不包含0,则调节中介效应显著。

表 6-15 顾客知识匹配度调节作用下的中介效果检验（自变量：任务导向）

Dependent variables predictors	β	SE	t	p
顾客创造力				
常数项	4.46	0.29	16.04	0.00
创造性自我效能感	0.21	0.05	4.67	0.00
任务导向	0.19	0.05	4.24	0.00
创造性自我效能感				
常数项	5.49	0.14	40.63	0.00
任务导向	0.18	0.05	3.36	0.00
顾客知识匹配度（GKZS）	0.23	0.05	4.83	0.00
任务导向×顾客知识匹配度	0.16	0.05	3.52	0.00
顾客创造力				
常数项	4.14	0.28	14.68	0.00
积极情绪	0.25	0.05	5.65	0.00
任务导向	0.20	0.04	5.12	0.00
积极情绪				
常数项	5.73	0.14	42.30	0.00
任务导向	0.20	0.05	3.87	0.00
顾客知识匹配度（GKZS）	0.17	0.05	3.67	0.00
任务导向×顾客知识匹配度	0.02	0.04	0.51	0.61

注：$N=392$。控制变量包含了年龄、教育水平、收入水平和参与频率。报告了非标准化回归系数。知识共享、顾客知识匹配度和积极情绪三个变量在分析之前进行了中心化处理，置信区间为95%。Bootstrap样本大小为5000。

表 6-16 调节效果（自变量：任务导向）

中介变量	调节变量	带调节的间接效应	标准差	LL95% CI	UL 95%CI
创造性自我效能感	高顾客知识匹配度	0.069	0.022	0.034	0.120
	低顾客知识匹配度	0.004	0.014	0.009	0.106

注：采用Bootstrap方法进行调节中介效果检验，样本数为5000，取样方法选择偏差校正的非参数百分位法，置信区间为95%。区间（LLCI，ULCI）不包含0，则调节中介效应显著。

表 6-17　顾客知识匹配度调节作用下的中介效果检验(自变量:在线激励)

Dependent variables predictors	β	SE	t	p
顾客创造力				
常数项	4.61	0.26	17.60	0.00
创造性自我效能感	0.18	0.04	4.32	0.00
在线激励	0.34	0.04	8.00	0.00
创造性自我效能感				
常数项	5.53	0.14	40.38	0.00
在线激励	0.12	0.05	2.31	0.02
顾客知识匹配度(GKZS)	0.03	0.05	4.94	0.00
在线激励×顾客知识匹配度	0.01	0.05	0.29	0.77
顾客创造力				
常数项	4.26	0.27	15.73	0.00
积极情绪	0.24	0.04	5.23	0.00
在线激励	0.32	0.04	7.57	0.00
积极情绪				
常数项	5.75	0.14	42.63	0.00
在线激励	0.18	0.05	3.67	0.00
顾客知识匹配度(GKZS)	0.18	0.05	3.97	0.00
在线激励×顾客知识匹配度	−0.08	0.05	−1.72	0.08

注:$N = 392$。控制变量包含了年龄、教育水平、收入水平和参与频率。报告了非标准化回归系数。知识共享、顾客知识匹配度和积极情绪三个变量在分析之前进行了中心化处理,置信区间为 95%。Bootstrap 样本大小为 5000。

创造力的构成要素越多,个体越有可能产生创新行为。本书将虚拟社区创新氛围划分为知识共享、虚拟赋权、任务导向、在线激励四个维度,并运用社会认知理论,以创造性自我效能感和积极情绪体验为中介变量,构建并验证了用户在线参与服务创新情境下虚拟社区创新氛围对用户创造力的作用机制模型。本节将对实证结果进行讨论,以明晰顾客创造力各要素之间的关系。

　　这项研究采用社会学习理论和沉浸理论来研究顾客参与在线服务企业服务创新中的创造力生成机理。以创造性自我效能感和积极情绪作为中介变量，检验并揭示顾客创造力产生的心理黑箱。实证研究基本上支持了理论上预设的模型。具体来说，可以将创造性自我效能感和顾客参与过程中的积极情绪看成一个跳板，将在线企业虚拟社区中营造的知识共享、任务导向、虚拟赋权和在线激励等外在支持因素转化为有利的顾客参与绩效结果，即顾客创造力，特别是在顾客知识匹配度高的情况下，创造性自我效能感的中介作用更为显著（见图 6-3 至图 6-5）。

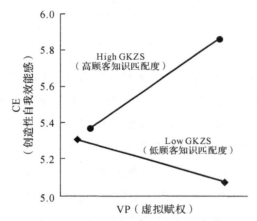

图 6-3　顾客知识匹配度对虚拟赋权和创造性自我效能感之间关系的调节效果

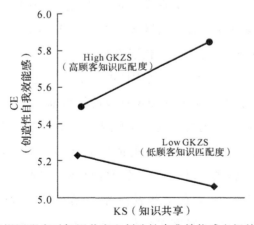

图 6-4　顾客知识匹配度对知识共享和创造性自我效能感之间关系的调节效果

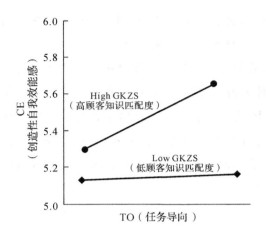

图 6-5　顾客知识匹配度对任务导向和创造性自我效能感之间关系的调节效果

对理论的启示是这项研究有助于社会学习理论的深化和拓展。第一,虽然许多研究已经考察了该理论在人力资源管理中的积极作用,但是在市场营销领域中,很少有人考察产品或服务的使用者——顾客的创造力激发机理。我们的研究结果支持并拓展了社会学习理论的内涵及应用,在人人创客的时代,它对企业进行新型的客户关系管理极为重要。21 世纪,面对 80 后、90 后消费者,良好的顾客关系应该是让他们感到被需要、被尊重,参与企业创新管理。第二,这项研究深化了沉浸理论在服务产品消费者消费过程中的应用。服务产品的最大特点是生产和消费的同时性,它特别强调顾客的参与体验。通过沉浸理论,企业更加关注参与顾客的心理需求,进而加强企业的创新绩效及顾客满意度和忠诚度,补充及深化了现有的研究内容。第三,补充及深化了创造力理论。创造力的三要素为创造性的知识和技能、个人的知识和技能以及领域内的知识和技能。个人的知识和技能可以通过学习而习得,对消费者而言,企业不但可以帮助消费者发现并利用好个人所长,而且最重要的是能激发他们的参与自信,给他们带来愉悦的情绪体验,这是企业可以发挥和改进的因素。第四,国外的营销领域创造力的研究已较为普遍,而国内才刚刚开始。学者们呼吁在亚洲进行更多的消费者创新、顾客创造力方面的研究(李丽等,2003)。作为对中国情境下顾客在线参与企业创新方面的探索性研究,在此回应了这一呼吁,也揭示了其在中国特定情境中的适用性(见表 6-18)。

表 6-18 假设验证结果汇总

假设序号	假设具体描述	检验结果
假设 H1a	企业注重对顾客进行知识共享的创新氛围对顾客创造力有显著正向影响	成立
假设 H1b	企业注重对顾客进行虚拟赋权的创新氛围对顾客创造力有显著正向影响	成立
假设 H1c	企业注重对顾客进行任务导向的创新氛围对顾客创造力有显著正向影响	成立
假设 H1d	企业注重对顾客进行在线激励的创新氛围对顾客创造力有显著正向影响	成立
假设 H2a	企业注重对顾客进行知识共享的创新氛围对创造性自我效能感有显著正向影响	成立
假设 H2b	企业注重对顾客进行虚拟赋权的创新氛围对创造性自我效能感有显著正向影响	成立
假设 H2c	企业注重对顾客进行任务导向的创新氛围对创造性自我效能感有显著正向影响	成立
假设 H2d	企业注重对顾客进行在线激励的创新氛围对创造性自我效能感有显著正向影响	成立
假设 H3a	企业注重对顾客进行知识共享的创新氛围对积极情绪有显著正向影响	成立
假设 H3b	企业注重对顾客进行虚拟赋权的创新氛围对积极情绪有显著正向影响	成立
假设 H3c	企业注重对顾客进行任务导向的创新氛围对积极情绪有显著正向影响	成立
假设 H3d	企业注重对顾客进行在线激励的创新氛围对积极情绪有显著正向影响	成立
假设 H4a	创造性自我效能感对知识共享和顾客创造力具有中介作用	成立
假设 H4b	创造性自我效能感对虚拟赋权和顾客创造力具有中介作用	成立
假设 H4c	创造性自我效能感对任务导向和顾客创造力具有中介作用	成立
假设 H4d	创造性自我效能感对在线激励和顾客创造力具有中介作用	成立
假设 H5a	积极情绪对知识共享和顾客创造力具有中介作用	成立
假设 H5b	积极情绪对虚拟赋权和顾客创造力具有中介作用	成立
假设 H5c	积极情绪对任务导向和顾客创造力具有中介作用	成立
假设 H5d	积极情绪对在线激励和顾客创造力具有中介作用	成立

续表

假设序号	假设具体描述	检验结果
假设 H6	创造性自我效能感对顾客创造力有显著正向影响	成立
假设 H7	顾客积极情绪对顾客创造力有显著正向影响	成立
假设 H8a	顾客知识匹配度调节创造性自我效能感在知识共享的创新氛围和顾客创造力之间中介效果的强弱度	成立
假设 H8b	顾客知识匹配度调节创造性自我效能感在用户虚拟赋权的创新氛围和顾客创造力之间中介效果的强弱度	成立
假设 H8c	顾客知识匹配度调节创造性自我效能感在任务导向的创新氛围和顾客创造力之间中介效果的强弱度	成立
假设 H8d	顾客知识匹配度调节创造性自我效能感在在线激励的创新氛围和顾客创造力之间中介效果的强弱度	不成立
假设 H9a	顾客知识匹配度调节积极情绪在知识共享的创新氛围和顾客创造力之间中介效果的强弱度	不成立
假设 H9b	顾客知识匹配度调节积极情绪在用户虚拟赋权的创新氛围和顾客创造力之间中介效果的强弱度	不成立
假设 H9c	顾客知识匹配度调节积极情绪在任务导向的创新氛围和顾客创造力之间中介效果的强弱度	不成立
假设 H9d	顾客知识匹配度调节积极情绪在在线激励的创新氛围和顾客创造力之间中介效果的强弱度	不成立

第七章 结论与展望

第一节 研究结论与管理启示

一、研究结论

虽然服务主导逻辑下,越来越多的企业开展开放式创新,将顾客创新源纳入企业的服务创新中,对顾客的地位及能动性的关注越来越多,但国内对顾客创造力的相关研究还比较小众,特别是针对网络情境下顾客创造力的相关研究尤其少,国外对于这方面的研究也处于起步阶段。本书在文献梳理的基础上形成了企业线上营造的虚拟创新氛围、创造性自我效能感、积极情绪体验、顾客创造力研究维度,运用创造力理论、社会认知理论、心流体验理论等,构建了研究模型并提出相关研究假设。通过英文量表双向互译,结合网络日志法、半开放访谈法,确定了研究维度的测量项目。在顾客创造力生成的三个核心阶段:服务创新的创意产生、创意设计或执行以及创意推广,分别选取海尔海创汇、盘石网盟科技公司、马蜂窝旅行网、乐高在线社区四家具有顾客参与服务创新代表性的企业进行顾客跟踪调研,在案例研究的基础上,形成正式的调查问卷。大样本调查是通过线下随机抽样方法,通过前期问卷,选取有过或经常参与企业线上活动的顾客群体,然后向其发放进一步的顾客创造力问卷。通过数据分析,对研究模型和假设进行了验证,并对研究结果进行了讨论。本书的贡献在于从心理学和社会认知视角,尝试探究顾客创造力的形成机理,一定程度上解释了消费情境中顾客创造力的驱动机理,由于不同顾客、不同创新任务参与情境下顾客创造力存在不同,因此不是所有的顾客参与创新行为都能给企业带来积极的创新绩效影响，需要在线企业营造知识共享、虚拟赋权、任务导向、在线激励的创新氛围，通过长期观察和跟踪，对顾客进行分类管理，在顾客参与激励方面给予一定的理解和建议。具体来看，研究的主要结论如下。

第一，顾客在线参与服务创新的创新氛围对顾客创造力的发挥和提升起到积极的促进作用。基于用户主导、服务主导逻辑，在企业营造的知识流动自由、任务导向清晰、自主授权充分，且有大量物质及声誉激励的虚拟社区创新氛围中，用户创造性自我效能感、积极快乐的情绪及用户创造力均会有显著提升。

第二，创造性自我效能感和积极情绪在创新氛围和用户创造力关系中起部分中介作用，参与过程中的愉悦感和自我提升是顾客参与的原动力。也就是说，内在自我提升与满足的体验是提高顾客黏性、提升顾客参与的深度及强度的核心本质原因。本书也表明，尽管前人对顾客参与服务创新的原因做了不同角度的解释，虽然以上原因均有可能出现，但最根本的原动力在于顾客参与创新可以使顾客获得愉悦感和自我提升。这也是能促使顾客持续参与的原因，是外在的物质利益无法达到的（和征，2014）。

第三，顾客知识匹配度调节创造性自我效能感对创新氛围和顾客创造力之间中介效果的强弱度，但无法调节积极情绪对创新氛围和顾客创造力之间中介效果的强弱度。

顾客原有知识基础与特定企业的创新参与项目有一定的匹配度。顾客自身一定的相关知识背景是创造力的来源和基础。举例来说，高虚拟赋权和积极情绪是正相关的，也就是高虚拟赋权导致高参与情绪（高兴、开心、兴奋等），但不会因为知识匹配度高而变得更开心，或者不会因为知识匹配度低而变得没那么开心甚至变得不开心，从而影响到顾客创造力。

究其原因，可能在于这种影响效应会因个人性格特质而有所差异，还需后续进一步深入研究。

二、管理启示

本书对于企业服务创新的管理实践有着一定的启示作用。要重视顾客创造力在企业创新中的核心作用,因此,顾客创造力成为企业服务创新成败的关键因素之一。企业须以开放的态度让顾客参与整个商品服务的产销过程,想方设法激发他们的创造力,使之成为企业不竭的创新动力。

（一）营造自由开放共享的企业在线互动氛围

以大数据、智能制造和移动互联为代表的新技术范式正在激发企业管理变革。企业应从追求内在一体化转向合作创造,对社会资源进行再组合。顾客资源应被内化为企业的战略性资源,构建服务为基础的平台型企业是大势所趋。鉴于在线创新氛围对顾客创造力具有积极的促进作用,服务企业应运用一定的人力、物力和财力着力打造在线互动平台,营造知识流动宽松而自由、任务服务导向清晰、用户被充分授权及奖励的创新氛围,在积极主动的创新氛围下,吸引更多消费群体参与到企业的创新共建中来。

（二）提升企业在线社区的内容质量

兴趣来源于竞争优势。80后、90后用户表达个性、彰显自我的欲望越来越强,加之服务具有无形性特征,现代服务企业已无法全面控制和预测自身未来的发展方向,用户已从被动的服务对象转变为企业创新的主动参与者、传播者和价值创造者。本研究发现任务导向对顾客参与服务创新的吸引力很大。基于能力基础,出于兴趣动机,参与顾客出于自我提升、开阔视野、扩大社会声望、获得自我价值感等原因而广泛参与企业的在线服务创新项目。因此,需遵循"内容为王"的原则。

（三）设计顾客创新工具箱,辅助顾客实现创新愿望

80后、90后、00后顾客消费主体,已表现出非常在意企业提供的产品或服务,希望能够展示自身的独特性,为企业提供有价值的帮助或合作,从而获得个性化的产品或服务,并为自身的发展赢得机遇。企业可以将创新项目模块化、流程化,然后开发不同类型的顾客创新工具箱,为顾客创新提供技术环境支持,如软件行业创新工具箱、开放源代码软件,论坛中的 Slashdot 机制设计系统、3D 在线设计系统等,方便消费者实现创意,并感受创造过程中的无限快乐。

（四）有针对性地选择及管理顾客参与创新

研究发现,想要充分利用消费者创客队伍,策划互动参与的创新任务一定

要极为细致地规划和设计。创新任务要尽量分解细化。根据顾客兴趣和顾客自身的知识背景,邀请顾客参与不同任务要求的创新活动,这对于提升顾客创造力及企业创新绩效是非常重要的。根据参与顾客的个人特征,对顾客进行科学的分类与管理。如可以邀请有获取奖励动机的消费者参与产品投票活动,邀请有分享社交动机的消费者参与到产品试用、售后评价活动中;再比如,根据顾客知识匹配度,邀请有一定旅游线路开发经验、地理历史丰富的专业级消费者参与旅游线路开发的前期设计阶段,同时邀请有摄影、文字撰写特长的领先顾客参与旅游线路的首发仪式,并撰写游记宣传与评论反馈。

（五）建立开放式人才管理制度

人类从未像今天这样如此自由地超越组织和地域的界限,在不同角色之间转换。鉴于顾客创造力对企业创新能力的重要价值,现代企业应将传统的官僚式的人力资源系统重建为弹性导向的人力资源管理系统,将顾客资源纳入企业的战略性人力资源内。对参与服务创新的顾客充分授权和信任,为他们提供资金、服务等后台支持,使他们在不违背虚拟社区规则的情况下自由地提出自己的想法,像一位真正的员工一样,对企业设置的服务创新任务和相关主题全身心地投入工作,为企业创造价值。

（六）制造快乐、沉浸的积极情绪体验

愉悦可以增强消费者对虚拟社区的忠诚(曾晓洋,2011)。企业工作人员,特别是一线服务员工应深入理解用户创新参与的心理,关注他们的创造性自我效能感以及在参与过程中的情绪变化,有效地运用管理手段提升用户的自我效能感,使之充分享受参与过程,以及由此带来的愉悦心情,提升用户创新行为的频次和持续性,激发用户创造力。也许不久的将来,企业员工和用户之间的边界将不复存在,产品或服务市场上不再有严格意义上的买卖方,取而代之的是相互促进的合作方。

第二节　研究不足与未来研究方向

一、研究不足

本书也存在一定的局限性:一是未对在线参与服务创新的顾客进行分类

研究,没有充分考虑用户在知识背景、个性特征及参与广度、深度和强度等方面的差异;二是对顾客创造力的界定、分类和构成要素等,主要借鉴了已有员工创造力的相关研究,将用户视为企业的兼职员工,但顾客和企业正式员工毕竟还是存在较大的区别和差异的;三是不同地区、国别针对创新氛围的概念和内容有很大的差异,本书采用的量表皆为国外成熟的量表,并没有开发中国情境下的在线创新氛围量表,在今后的研究中,可以选取跨文化情境下的虚拟品牌社区顾客创新行为进行对比研究,识别中国特色的文化氛围因素(如面子等)对顾客服务创新行为的影响;另外,本书仅引入了创造性自我效能感和积极情绪体验两个独立中介变量,没有涉及上述中介变量之间的交互效应,及其他可能的中介或调节变量。进一步改进和完善以上研究局限,有助于用户在线参与服务创新、创新氛围、用户创造力等领域研究的持续推进和不断深入。

二、未来研究方向

在企业管理及市场营销领域,顾客创造力已经凸显,而这一研究领域在国内还处于新兴阶段,研究的空间还很大,包括创造力的现世评判标准以及其他一些影响顾客创造力的中介或调节变量。希望有更多的研究学者加入这一研究领域,为中国服务企业的战略转型升级,服务流程、服务内容及服务效率、绩效的提升做出越来越多的贡献。

(一)跨行业地区比较研究

扩大调研范围,对线上线下品牌社区进行对比分析,对不同地区不同行业选取更多有代表性的虚拟品牌社区进行研究,也可以结合心理学的研究方法,利用仪器设备对顾客创造力的构成维度进行细分研究,如发散思维、好奇心等,扩展顾客创造力和顾客创新行为的维度,为我国服务企业创新提供更多的科学依据和借鉴。

(二)基于自我参与体验的口碑传播研究

移动互联使信息去中心化传播,通过社会化媒体,每个普通人都是信息节点,都有可能成为意见领袖。顾客的这种深刻的共创体验会随时用微博、微信发出来,这促进了顾客基于自我体验的口碑传播。一个产品或服务好不好,企业自己无法吹牛,因为信息的公平对等特征,使网络公共空间具备了极强的舆论自净能力。因此,未来研究可以对创新顾客的后续口碑推荐意愿展开深入研究(张德鹏等,2016)。

(三)创客与创业拓展研究

顾客参与服务创新本身就是一种令人欣喜若狂的体验,即使没有人知道,也没有回报。案例调查时,被访谈者表达了这种内在回报的重要性。如果他们没有感受到这种快乐,外在的物质回报就不足以持续激励他们参与企业的创新探索活动。提升消费者创造力的一个很好的方法是,将尽可能多的心流体验引入服务消费过程中。消费文化永远无法像创造文化那样带给人许多收获和益处。在"大众创业、万众创新"的号召下,如果有可能使每一个消费者都成为潜在的创客,给他们一个平台,既能表达他们的独特见解,又能使他们得以创业谋生,国家创造力、国家创新能力将得到极大的发展。

(四)顾客创造力与顾客幸福感研究

对顾客来讲,顾客参与服务创新的过程应该是一个快乐、幸福的过程。德鲁克说:管理的目的是激发人的善意和潜能。作为兼职员工的参与顾客,给他们一项富有创造力的工作,聚焦于互联网和移动互联网所带来的产品和服务创新的接受和采用行为,顾客消费过程中的个人幸福感将会有很大的提升(张宏梅,2015)。

参考文献

Abbas G, Iqbal J, Waheed A, et al. Relationship between transformational leadership style and innovative work behavior in educational institutions [J]. Journal of Behavioural Sciences, 2012,22(3):18-25.

Adarves-Yorno I, Postmes T, Alexander Haslam S. Social identity and the recognition of creativity in groups [J]. British Journal of Social Psychology, 2006, 45(3): 479-497.

Agnihotri R, Rapp A A, Andzulis J M, et al. Examining the drivers and performance implications of boundary spanner creativity[J]. Journal of Service Research, 2014, 17(2):164-181.

AholaE K. Towards an understanding of the role of trade fairs as facilitators of consumer creativity [J]. Journal of Marketing Communications, 2012, 18(5): 321-333.

Ajzen I. From intentions to actions: A theory of planned behavior [M]// Action Control. Germany: Springer, 1985:11-39.

Alam I. An exploratory investigation of user involvement in new service development [J]. Journal of the Academy of Marketing Science, 2002, 30(3): 250-261.

Merchant A, Rose G, Rose M. The impact of time orientation on consumer innovativeness in the United States and India [J]. Journal of Marketing Theory & Practice, 2014, 22(3):325-338.

Amabile T M. The social psychology of creativity: A componential conceptualization [J]. Journal of Personality and Social Psychology,

1983，45(2)：357.

Amabile，T M ． Motivation and creativity：Effects of motivational orientation on creative writers ［J］. Journal of Personality & Social Psychology，1985，48(2)：393-399.

Amabile T M，Gryskiewicz N D. The creative environment scales：Work environment inventory ［J］. Creativity Research Journal，1989，2(4)：231-253.

Amabile T M，Conti R，Coon H，et al. Assessing the work environment for creativity ［J］. Academy of Management Journal，1996，39(5)：1154-1184.

Amabile T M，Barsade S G，Mueller J S，et al. Affect and creativity at work ［J］. Administrative Science Quarterly，2005，50(3)：367-403.

Anderson N R ，West M A ． Measuring climate for work group innovation：Development and validation of the team climate inventory［J］. Journal of Organizational Behavior，1998，19(3)：235-258.

Ashby F G，Isen A M. A neuropsychological theory of positive affect and its influence on cognition［J］. Psychological Review，1999，106(3)：529.

Baer M. Putting creativity to work：The implementation of creative ideas in organizations ［J］. Academy of Management Journal，2012，55(5)：1102-1119.

Bagozzi R P，Yi Y. On the evaluation of structural equation models［J］. Journal of the Academy of Marketing Science，1988，16(1)：74-94.

Bandura A. Self-efficacy：The exercise of control［J］. Journal of Cognitive Psychotherapy，1999，604(2)：158-166.

Bechtoldt M N，De Dreu C K W，Nijstad B A，et al. Motivated information processing，social tuning，and group creativity ［J］. Journal of Personality and Social Psychology，2010，99(4)：622.

Beckmann T J. The current state of knowledge management［C］// The Knowledge Management Handbook. Liebowitz，2010.

Belz F, Baumbach W. Netnography as a method of lead user identification [J]. Creativity & Innovation Management, 2010, 19(3):304-313.

Bengtsson L, Ryzhkova N. Managing a strategic source of innovation: Online users [J]. International Journal of Information Management, 2013, 33(4): 655-662.

Berthon P R, Pitt L F, McCarthy I, et al. When customers get clever: Managerial approaches to dealing with creative consumers [J]. Business Horizons, 2007, 50(1): 39-47.

Bilgihan A, Barreda A, Okumus F, et al. Consumer perception of knowledge-sharing in travel-related online social networks [J]. Tourism Management, 2016, 52:287-296.

Binkhorst E, Den Dekker T. Agenda for co-creation tourism experience research [J]. Journal of Hospitality Marketing & Management, 2009, 18(2-3): 311-327.

Blasco-Arcas L, Hernandez-Ortega B, Jimenez-Martinez J. The online purchase as a context for co-creating experiences: Drivers of and consequences for customer behavior [J]. Internet Research, 2014, 24 (3): 393-412,7.

Boon-Itt S, Wong C Y. The moderating effects of technological and demand uncertainties on the relationship between supply chain integration and customer delivery performance [J]. International Journal of Physical Distribution & Logistics Management, 2011, 41(3): 253-276.

Bowen D E, Schneider B. A service climate synthesis and future research agenda[J]. Journal of Service Research, 2014, 17(1): 5-22.

Bowers M R, Martin C L, Luker A. Trading places: Employees as customers, customers as employees[J] Journal of Services Marketing, 1990, 4(2): 55-69.

Braun C, Batt V, Bruhn M, et al. Differentiating customer engaging behavior by targeted benefits—An empirical study [J]. Journal of

Consumer Marketing，2016，33(7):528-538.

Brettel M，Cleven N J. Innovation culture，collaboration with external partners and NPD performance [J]. Creativity & Innovation Management，2011，20(4):253-272.

Brogi S. Online brand communities: A literature review[J]. Procedia-Social and Behavioral Sciences，2014，109(2):385-389.

Burroughs J E，Mick D G. Exploring antecedents and consequences of consumer creativity in a problem-solving context [J]. Journal of Consumer Research，2004，31(2): 402-411.

Burroughs J E，Dahl D W，Moreau C P，et al. Facilitating and rewarding creativity during new product development [J]. Journal of Marketing，2011，75(4): 53-67.

Burroughs J E，Moreau C P，Mick D G. Toward a psychology of consumer creativity[J]. Handbook of Consumer Psychology，2008: 1011-1038.

Camisón C，Villar-López A. Organizational innovation as an enabler of technological innovation capabilities and firm performance [J]. Journal of Business Research，2014，67(1): 2891-2902.

Carbonell P，Rodríguez-Escudero A I，Pujari D. Customer involvement in new service development: An examination of antecedents and outcomes [J]. Journal of Product Innovation Management，2009，26(5): 536-550.

Chang H H，Hung C J，Wong K H，et al. Using the balanced scorecard on supply chain integration performance—A case study of service businesses[J]. Service Business，2013，7(4): 539-561.

Chase R B. The customer contact approach to services: Theoretical bases and practical extensions [J]. Operations Research，1981，29(4): 698-706.

Chen J S，Tsou H T. Performance effects of IT capability，service process innovation，and the mediating role of customer service [J]. Journal of Engineering and Technology Management，2012，29(1): 71-94.

Chen C S, Chang S F, Liu C H. Understanding knowledge-sharing motivation, incentive mechanisms, and satisfaction in virtual communities [J]. Social Behavior and Personality: An International Journal, 2012, 40(4):639-647(9).

Cheung M F Y, To W M. Customer involvement and perceptions: The moderating role of customer co-production[J]. Journal of Retailing and Consumer Services, 2011, 18(4): 271-277.

Choi L, Lotz S. Motivations leading to customer citizenship behavior in services: Scale development and validation [J]. Journal of Consumer Marketing, 2016, 33(7):539-551.

Chou C, Yang K P, Jhan J. Empowerment strategies for ideation through online communities [J]. Creativity & Innovation Management, 2014, 24 (1):169-181.

Cheng C C, Chen J S, Tsou H T. Market-creating service innovation: Verification and its associations with new service development and customer involvement [J]. Journal of Services Marketing, 2012, 26(6): 444-457.

Chen J S, Tsou H T. Performance effects of IT capability, service process innovation, and the mediating role of customer service[J]. Journal of Engineering and Technology Management, 2012, 29(1): 71-94.

Cheung M F Y, To W M. Customer involvement and perceptions: The moderating role of customer co-production[J]. Journal of Retailing and Consumer Services, 2011, 18(4): 271-277.

Conti R, Coon H, Amabile T M. Evidence to support the componential model of creativity: Secondary analyses of three studies [J]. Creativity Research Journal, 1996, 9(4):385-389.

Cova B, Dalli D. Working Consumers: The next step in marketing theory? [J]. Marketing Theory, 2009, 9(3): 315-339.

Cova B, Dalli D, Zwick D. Critical perspectives on consumers' role as "producers": Broadening the debate on value co-creation in marketing processes[J]. Marketing Theory, 2011, 11(3): 231-241.

Csikszentmihalyi M. 16 implications of a systems perspective for the study of creativity[J]. Handbook of Creativity, 1999, 313.

Csikszentmihalyi M, Wolfe R. New conceptions and research approaches to creativity: Implications of a systems perspective for creativity in education [M]// The Systems Model of Creativity. Netherlands: Springer, 2014: 161-184.

Dabholkar P A, Bagozzi R P. An attitudinal model of technology-based self-service: moderating effects of consumer traits and situational factors[J]. Journal of the Academy of Marketing Science, 2002, 30(3): 184-201.

Daugherty T, Lee W N, Gangadharbatla H, et al. Organizational virtual communities: Exploring motivations behind online panel participation [J]. Journal of Computer-Mediated Communication, 2005, 10 (4): 353-376.

Davidson R, Mackinnon J G. Estimation and inference in econometrics[J]. Oup Catalogue, 1993, 28(3):615-645.

Dholakia U M, Bagozzi R P, Pearo L K. A social influence model of consumer participation in network-and small-group-based virtual communities [J]. International Journal of Research in Marketing, 2004, 21(3):241-263.

Dinc M S, Aydemir M. The effects of ethical climate and ethical leadership on employee attitudes: Bosnian case [J]. International Journal of Management Sciences, 2014, 2(9): 391-405.

Dobrzykowski D D, Tran O T, Hong P. Insights into integration for supply chain redesign in service and product-focused firms [J]. International Journal of Services and Operations Management, 2011, 8(3): 260-282.

Eisenhardt K M. Building theories from case study research[J]. Academy of Management Review, 1989, 14(4): 532-550.

Eisingerich A B, Rubera G, Seifert M. Managing service innovation and interorganizational relationships for firm performance to commit or diversify? [J]. Journal of Service Research, 2009, 11(4): 344-356.

Ekvall G, Ryhammar L. The creative climate: Its determinants and effects at a Swedish university[J]. Creativity Research Journal, 1999, 12(12): 303-310.

Enǎchescu V A, Damasaru C. Innovation and creativity in human resource management: Why should we change the way we teach our students? [J]. Revista de Management Comparat International, 2013, 14 (4): 644.

Ennew C T, Reed G V, Binks M R. Importance-performance analysis and the measurement of service quality[J]. European Journal of Marketing, 1993, 27(2):59-70.

Fandla C, Björk P. Tourism experience network: Co-creation of experiences in interactive processes [J]. International Journal of Tourism Research, 2013, 15(5): 495-506.

Faullant R, Schwarz E J, Krajger I, et al. Towards a comprehensive understanding of lead userness: The search for individual creativity [J]. Creativity & Innovation Management, 2012, 21(1):76-92.

Filep S. Tourism and positive psychology critique: Too emotional? [J]. Annals of Tourism Research, 2016, 59(C):113-115.

Filieri R. What makes an online consumer review trustworthy? [J]. Annals of Tourism Research, 2016, 58(5):46-64.

Füller J, Hutter K, Faullant R. Why co-creation experience matters? Creative experience and its impact on the quantity and quality of creative contributions [J]. R&D Management, 2011, 41(3): 259-273.

Füller J, Mühlbacher H, Matzler K, et al. Consumer empowerment through internet-based co-creation [J]. Journal of Management Information Systems, 2014, 26(3):71-102.

Foss N J，Laursen K，Pedersen T. Linking customer interaction and innovation：The mediating role of new organizational practices [J]. Organization Science，2011，22(4)：980-999.

Fornell C，Larcker D. Evaluating structural equation models with unobservable variables and measurement error. Journal of Marketing Research，1981，18：39-50.

Franke N，Hippel E. Satisfying heterogeneous user needs via innovation toolkits：The case of Apache security software [J]. Research Policy，2003，32(7)：1199-1215.

Franke N，Schreier M，Kaiser U. The "I designed it myself" effect in mass customization [J]. Management Science，2010，56 (1)：125-140.

Franke N，Schreier M. Why customers value self-designed products：The importance of process effort and enjoyment [J]. Journal of Product Innovation Management，2010，27(7)：1020-1031.

Frey K，Lüthje C. Antecedents and consequences of interaction quality in virtual end-user communities [J]. Creativity & Innovation Management，2011，20(1)：22-35.

Fritz M S，Mackinnon D P. Required sample size to detect the mediated effect[J]. Psychological Science，2007，18(3)：233-9.

Frohlich M T，Westbrook R. Demand chain management in manufacturing and services：Web-based integration，drivers and performance [J]. Journal of Operations Management，2002，20(6)：729-745.

Fuchs C，Schreier M. Customer empowerment in new product development [J]. Journal of Product Innovation Management，2011，28(1)：17-32.

Fuehs C，Prandelli E，Hreier M. The psychological effects of empowerment strategies on consumers' product demand[J]Journal of Marketing，2010，74(1)：65-79.

Gibson R. Encouraging customer co-creation online：Why money doesn't matter [J]. Design Management Review，2012，23(1)：58-62.

Giebelhausen M, Robinson S G, Sirianni N J, et al. Touch versus tech: When technology functions as a barrier or a benefit to service encounters [J]. Journal of Marketing, 2014, 78(4): 113-124.

Gist M E, Mitchell T R. Self-efficacy: A theoretical analysis of its determinants and malleability [J]. Academy of Management review, 1992, 17(2): 183-211.

Goh B E. Assessing and accessing creativity: An integrative review of theory, research, and development [J]. Creativity Research Journal, 1995, 8(3): 231-247.

Grant A M, Berry J W. The necessity of others is the mother of invention: Intrinsic and prosocial motivations, perspective taking, and creativity [J]. Academy of Management Journal, 2011, 54(1):73-96.

Greer C R, Lei D. Collaborative innovation with customers: A review of the literature and suggestions for future research [J]. International Journal of Management Reviews, 2012, 14(1):63-84.

Gruber H E, Wallace D B. The case study method and evolving systems approach for understanding unique creative people at work [J]. Handbook of Creativity, 1999, 93: 115.

Guilford J P. Creativity: Yesterday, today and tomorrow[J]. The Journal of Creative Behavior, 1967, 1(1): 3-14.

Hars A, Ou S S. Working for free? Motivations for participating in open-source projects [J]. International Journal of Electronic Commerce, 2002, 6(3):25-39.

Haumann T, Güntürkün P, Schons L M, et al. Engaging customers in coproduction processes: How value-enhancing and intensity-reducing communication strategies mitigate the negative effects of coproduction intensity[J]. Journal of Marketing, 2015, 79(6): 17-33.

Hayes A F. Beyond Baron and Kenny: Statistical mediation analysis in the new millennium [J]. Communication Monographs, 2009, 76(4):

408-420.

Hayes A F. Introduction to mediation, moderation, and conditional process analysis: A regression-based approach [J]. Journal of Educational Measurement, 2013, 51(3):335-337.

He Y, Lai K K. Supply chain integration and service oriented transformation: Evidence from Chinese equipment manufacturers [J]. International Journal of Production Economics, 2012, 135(2): 791-799.

Henker N, Sonnentag S, Unger D. Transformational leadership and employee creativity: The mediating role of promotion focus and creative process engagement [J]. Journal of Business and Psychology, 2015, 30 (2):235-247.

Hirschman E C. Innovativeness, novelty seeking, and consumer creativity [J]. Journal of Consumer Research, 1980, 7(3): 283-295.

Hirschman E C. Consumer intelligence, creativity, and consciousness: Implications for consumer protection and education[J]. Journal of Public Policy & Marketing, 1983, 2(1): 153-170.

Horng J S, Tsai C Y, Chung Y C. Measuring practitioners' creativity in the Taiwanese tourism and hospitality industry [J]. Thinking Skills & Creativity, 2016, 19(3):269-278.

Horng J S, Tsai C Y, Hu D C, et al. The role of perceived insider status in employee creativity: Developing and testing a mediation and three-way interaction model[J]. Asia Pacific Journal of Tourism Research, 2016, 21(sup1): S53-S75.

Hosseini S M, Azizi S, Sheikhi N. An investigation on the effect of supply chain integration on competitive capability: An empirical analysis of iranian food industry [J]. International Journal of Business & Management, 2012, 7(5):73.

Hoyer W D, et al. Consumer co-creation in new product development [J]. Journal of Service Research, 2010, 13 (3):283-296.

Hsieh J K, Chiu H C, Wei C P, et al. A practical perspective on the classification of service innovations [J]. Journal of Services Marketing, 2013, 27(5): 371-384.

Humphreys A, Grayson K. The intersecting roles of consumer and producer: A critical perspective on co-production, co-creation and presumption [J]. Sociology Compass, 2008, 2(3): 963-980.

Huo B, Han Z, Zhao X, et al. The impact of institutional pressures on supplier integration and financial performance: Evidence from China [J]. International Journal of Production Economics, 2013, 146 (1): 82-94.

Hu Y, Sørensen O J. Innovation in virtual networks: Evidence from the Chinese online game industry [J]. Journal of Knowledge-based Innovation in China, 2011, 3(3):198-215.

Isen A M, Baron R A. Positive affect as a factor in organizational-behavior [J]. Research in Organizational Behavior, 1991, 13: 1-53.

Isen A M. On the relationship between affect and creative problem solving [J]. Affect, Creative Experience, and Psychological Adjustment, 1999, 3: 17.

Jaakkola E, Alexander M. The role of customer engagement behavior in value co-creation: A service system perspective [J]. Journal of Service Research, 2014, 17(3):247-261.

Jaiswal N K, Dhar R L. Transformational leadership, innovation climate, creative self-efficacy and employee creativity: A multilevel study [J]. International Journal of Hospitality Management, 2015, 51: 30-41.

Jaussi K S, Randel A E, Dionne S D. I am, I think I can, and I do: The role of personal identity, self-efficacy, and cross-application of experiences in creativity at work[J]. Creativity Research Journal, 2007, 19(2-3): 247-258.

Jaw C, Lo J Y, Lin Y H. The determinants of new service development:

Service characteristics, market orientation, and actualizing innovation effort [J]. Technovation, 2010, 30:265-277.

Jawecki G, Füller J, Gebauer J. A comparison of creative behaviours in online communities across cultures [J]. Creativity & Innovation Management, 2011, 20(3):144-156.

Jensen M B, Hienerth C, Lettl C. Forecasting the commercial attractiveness of user-generated designs using online data: An empirical study within the LEGO user community [J]. Journal of Product Innovation Management, 2014, 31(S1):75-93.

Jeoushyan H, Changyen T, Liu C H. Measuring employee's creativity: A new theoretical model and empirical study for tourism industry[J]. Asia Pacific Journal of Tourism Research, 2014, 20(12):1353-1373.

Jeoushyan H, Changyen T, Yang T C, et al. Exploring the relationship between proactive personality, work environment and employee creativity among tourism and hospitality employees [J]. International Journal of Hospitality Management, 2016, 54:25-34.

Jeppesen L B, Frederiksen L. Why do users contribute to firm-hosted user communities? The case of computer-controlled music instruments [J]. Organization Science, 2006, 17(1):45-63.

Kenebayeva A S. A study of consumer preferences regarding agritourism in Kazakhstan: A comparative study between urban and rural area consumers [J]. Worldwide Hospitality and Tourism Themes, 2014, 6 (1): 4.

Kelley S W, Donnelly J H, Skinner S J. Customer participation in service production and delivery[J]. Journal of Retailing, 1990, 66(3):315-335.

Kimberly S S, Amy E R, Shelley D D. I am, I think I can, and I do: The role of personal identity, self-efficacy, and cross-application of experiences in creativity at work [J]. Creativity Research Journal, 2007, 19(2):247-258.

Kim J H, Bae Z T, Kang S H. The role of online brand community in new product development: Case studies on digital product manufacturers in Korea[J]. International Journal of Innovation Management, 2008, 12 (3): 357-376.

Kohler T, Fueller J, Stieger D, et al. Avatar-based innovation: Consequences of the virtual co-creation experience [J]. Computers in Human Behavior, 2011, 27(1): 160-168.

Kornish L J, Ulrich K T. The importance of the raw idea in innovation: Testing the sow's ear hypothesis [J]. Journal of Marketing Research, 2014, 51(1):14-26.

Lan S, White L, Dagger T. A socio-cognitive approach to customer adherence in health care [J]. European Journal of Marketing, 2014, 48 (3/4): 496-521.

Li H, Kannan P K. Attributing conversions in a multichannel online marketing environment: An empirical model and a field experiment [J]. Journal of Marketing Research, 2014, 51(1):40-56.

Lovelock C H, Young R F. Look to consumers to increase productivity[J]. Harvard Business Review, 1979, 57(3): 168-178.

Lu A C C, Gursoy D, Lu C Y R. Antecedents and outcomes of consumers' confusion in the online tourism domain [J]. Annals of Tourism Research, 2015, 57(2):76-93.

Luo L, Toubia O. Improving online idea generation platforms and customizing the task structure on the basis of consumers' domain-specific knowledge[J]. Journal of Marketing, 2015, 79(5): 100-114.

Lusch R F, Vargo S L. Service-dominant logic: Reactions, reflections and refinements [J]. Marketing Theory, 2006, 6(3): 281-288.

Madjar N, Oldham G R, Pratt M G. There's no place like home? The contributions of work and nonwork creativity support to employees' creative performance[J]. Academy of Management Journal, 2002, 45

（4）：757-767.

Martinaityte I，Sacramento C，Aryee S. Delighting the customer：Creativity-oriented high-performance work systems，frontline employee creative performance，and customer satisfaction［J］. Journal of Management，2019，45(2)：728-751.

Maruping L M，Magni M. What's the weather like? The effect of team learning climate，empowerment climate，and gender on individuals' technology exploration and use［J］. Journal of Management Information Systems，2012，29(1)：79-114.

Mathis E F，Hyelin K，Uysal M，et al. The effect of co-creation experience on outcome variable［J］. Annals of Tourism Research，2016，57：62-75.

Mele C. Value innovation in B2B：Learning，creativity，and the provision of solutions within service-dominant logic ［J］. Journal of Customer Behavior，2009，8(3)：199-220.

Meunier-Fitzhugh J B K L. Making value co-creation a reality-exploring the co-creative value processes in customer-salesperson interaction ［J］. Journal of Marketing Management，2015，31(3-4)：289-316.

Mills P K，Morris J H. Clients as "partial" employees of service organizations：Role development in client participation［J］Academy of Management Review，1986，11(4)：726-735.

Mitrega M. Network partner knowledge and internal relationships influencing customer relationship quality and company performance ［J］. Journal of Business & Industrial Marketing，2012，27(6)：486-496.

Mollick E. Tapping into the underground［J］. MIT Sloan Management Review，2005,46(4)：21-24.

Montani F，Odoardi C，Battistelli A. Explaining the relationships among supervisor support，affective commitment to change，and innovative work behavior：The moderating role of coworker support［J］. BPA-Applied Psychology Bulletin ，2012 ,264(5)：43-57.

Moreau C P, Dahl D W. Designing the solution: The impact of constraints on consumers' creativity [J]. Journal of Consumer Research, 2005, 32 (1): 13-22.

Muller D, Judd C M, Yzerbyt V Y. When moderation is mediated and mediation is moderated [J]. Journal of Personality & Social Psychology, 2005, 89(6):852.

Mumford M D. Where have we been, where are we going? Taking stock in creativity research [J]. Creativity Research Journal, 2003, 15(2-3): 107-120.

Nambisan S, Baron R A. Interactions in virtual customer environments: Implications for product support and customer relationship management [J]. Journal of Interactive Marketing, 2007, 21(2):42-62.

Nawijn J. Positive psychology in tourism: A critique[J]. Annals of Tourism Research, 2015, 56:151-153.

Ngo L V, O'Cass A. Innovation and business success: The mediating role of customer participation[J]. Journal of Business Research, 2013, 66(8): 1134-1142.

Niu H J. Is innovation behavior congenital? enhancing job satisfaction as a moderator[J]. Personnel Review, 2014, 43(2): 8.

O'Cass A, Sok P. Exploring innovation driven value creation in B2B service firms: The roles of the manager, employees, and Customers in value creation[J]. Journal of Business Research, 2013, 66(8): 1074-1084.

Oldham G R, Cummings A. Employee creativity: Personal and contextual factors at work[J]. Academy of management journal, 1996, 39(3): 607-634.

Park Y K, Song J H, Yoon S W, et al. Learning organization and innovative behavior: The mediating effect of work engagement [J]. European Journal of Training and Development, 2013, 38(1/2): 5.

Pehlivan E, Berthon P R, Pitt L F, et al. When outsourcing fragments:

Customer creativity and technological transmutations[J]. Production Planning & Control, 2013, 24(4-5): 284-293.

Plangger K, Robson K. Consumer creativity and the world's biggest brand [J]. International Journal of Technology Marketing, 2014, 9 (1): 21-32.

Poetz M K, Schreier M. The value of crowdsourcing: Can users really compete with professionals in generating new product ideas? [J]. Journal of Product Innovation Management, 2012, 29(2): 245-256.

Postdoc A D M P. Customer integration during innovation development: An exploratory study in the logistics service industry[J]. Creativity & Innovation Management, 2012, 21(3):263-276.

Potts J, Hartley J, Banks J, et al. Consumer co-creation and situated creativity[J]. Industry and Innovation, 2008, 15(5): 459-474.

Prahalad C K, Ramaswamy V. Co-creation experiences: The next practice in value creation[J]. Journal of interactive marketing, 2004, 18(3): 5-14.

Preacher K J, Rucker D D, Hayes A F. Addressing moderated mediation hypotheses: Theory, methods, and prescriptions [J]. Multivariate Behavioral Research, 2007, 42(1):185.

Prebensen N K, Woo E, Chen J S, et al. Motivation and involvement as antecedents of the perceived value of the destination experience [J]. Journal of Travel Research, 2013, 52(2): 253-264.

Randall W S, Wittmann C M, Nowicki D R, et al. Service-dominant logic and supply chain management: Are we there yet? [J]. International Journal of Physical Distribution & Logistics Management, 2014, 44 (1/2): 8.

Rayna T, Striukova L, Darlington J. Co-creation and user innovation: The role of online 3D printing platforms[J]. Journal of Engineering & Technology Management, 2015, 37:90-102.

Remy E, Kopel S. Social linking and human resources management in the service sector[J]. Service Industries Journal, 2002, 22(1): 35-56.

Roberts D, Hughes M, Kertbo K. Exploring consumers' motivations to engage in innovation through co-creation activities[J]. European Journal of Marketing, 2013, 48(1/2): 8.

Rosa J A, Qualls W J, Ruth J A. Consumer creativity: Effects of gender and variation in the richness of vision and touch inputs [J]. Journal of Business Research, 2014, 67(3): 386-393.

Rubalcaba L, Michel S, Sundbo J, et al. Shaping, organizing, and rethinking service innovation: A multidimensional framework [J]. Journal of Service Management, 2012, 23(5): 696-715.

Schaarschmidt M, Kilian T. Impediments to customer integration into the innovation process: A case study in the telecommunications industry[J]. European Management Journal, 2014, 32(2): 350-361.

Schaubroeck J M, Peng A C, Hannah S T. Developing trust with peers and leaders: Impacts on organizational identification and performance during entry[J]. Academy of Management Journal, 2013, 56(4): 1148-1168.

Scheuing E E, Johnson E M. A proposed model for new service development [J]. Journal of Services Marketing, 1989, 3(2): 25-34.

Sfandla C, Björk P. Tourism experience network: Co-creation of experiences in interactive processes[J]. International Journal of Tourism Research, 2013, 15(5): 495-506.

Shalley C E, Zhou J, Oldham G R. The effects of personal and contextual characteristics on creativity: Where should we go from here? [J]. Journal of Management, 2004, 30(6): 933-958.

Sigala M. Social networks and customer involvement in new service development (NSD): The case of www. mystarbucksidea. com [J]. International Journal of Contemporary Hospitality Management, 2012, 24 (7):966-990.

Siguaw J A, Gassenheimer J B, Hunter G L. Consumer co-creation and the impact on intermediaries ［J］. International Journal of Physical Distribution & Logistics Management，2014，44(1/2)：2.

Silpakit P，Fisk R P. Participatizing the service encounter：A theoretical framework ［C］//Services Marketing in a Changing Environment. Chicago，IL：American Marketing Association，1985：117-121.

Sjödin C，Kristensson P. Customers' experiences of co-creation during serviceinnovation ［J］. International Journal of Quality and Service Sciences，2012，4(2)：189-204.

Skaggs B C，Youndt M. Strategic positioning，human capital，and performance in service organizations：A customer interaction approach ［J］. Strategic Management Journal，2004，25(1)：85-99.

Skålén P，Gummerus J，Von Koskull C，et al. Exploring value propositions and service innovation：A service-dominant logic study［J］. Journal of the Academy of Marketing Science，2015，43(2)：137-158.

Snell L，White L，Dagger T. A socio-cognitive approach to customer adherence in health care ［J］. European Journal of Marketing，2014，48 (3/4)：5.

Sobel M E. Asymptotic confidence intervals for indirect effects in structural equation models［J］. Sociological Methodology，1982，13：290-312.

Suntikul W，Jachna T. The co-creation/place attachment nexus［J］. Tourism Management，2016，52：276-286.

Sternberg，Robert J. Wisdom，intelligence & creativity synthesized［J］. School Administrator，2009，66(2)：10-11.

Tanev S，Frederiksen M H. Generative innovation practices，customer creativity，and the adoption of new technology products［J］. Technology Innovation Management Review，2014，4(2)：5-10.

Thakur R，Hale D. Service innovation：A comparative study of U. S. and Indian service firms［J］. Journal of Business Research，2013，66(8)：1108-1123.

Thallmaier S R. Customer co-design: A study in the mass customization industry [M]. Germany: Springer, 2014.

Tierney P, Farmer S M. Creative self-efficacy: Its potential antecedents and relationship to creative performances[J]. The Academy of Management Journal, 2002, 45, 1137-1148.

Tsai C Y, Horng J S, Liu C H, et al. Work environment and atmosphere: The role of organizational support in the creativity performance of tourism and hospitality organizations [J]. International Journal of Hospitality Management, 2015, 46(2):26-35.

Tsai C Y, Horng J S, Liu C H, et al. Awakening student creativity: Empirical evidence in a learning environment context[J]. Journal of Hospitality Leisure Sport & Tourism, 2015, 17:28-38.

Turnipseed P H, Turnipseed D L. Testing the proposed linkage between organizational citizenship behaviours and an innovative organizational climate[J]. Creativity and Innovation Management, 2013, 22(2): 209-216.

Tu Y, Lu X. How ethical leadership influence employees' innovative work behavior: A perspective of intrinsic motivation[J]. Journal of Business Ethics, 2013, 116(2):441-455.

Vargo S L, Lusch R F. Evolving to a new dominant logic for marketing [J]. Journal of Marketing, 2004, 68(1): 1-17.

Vargo S L, Maglio P P, Akaka M A. On value and value co-creation: A service systems and service logic perspective [J]. European Management Journal, 2008, 26(3): 145-152.

Von Hippel E, Katz R. Shifting innovation to users via toolkits [J]. Management Science, 2002, 48(7): 821-833.

Weaven S, Grace D, Dant R, et al. Value creation through knowledge management in franchising: A multi-level conceptual framework [J]. Journal of Services Marketing, 2014, 28(2): 1.

West M A. Role innovation in the world of work[J]. British Journal of Social Psychology,1987,26(4)：305-315.

Wu C G, Gerlach J H, Young C E. An empirical analysis of open source software developers' motivations and continuance intentions ［J］. Information & Management，2007，44(3)：253-262.

Yap Q S，Webber J K. Developing corporate culture in a training department：A qualitative case study of internal and outsourced staff ［J］. Review of Business & Finance Studies，2015，6(1)：43-56.

Yoo J J，Arnold T J，Frankwick G L. Effects of positive customer-to-customer service interaction ［J］. Journal of Business Research，2012，65(9)：1313-1320.

Yu C，Yu-Fang T，Yu-Cheh C. Knowledge sharing，organizational climate，and innovative behavior：A cross-level analysis of effects ［J］. Social Behavior and Personality：An International Journal，2013，41（1）：143-156.

Zhao X，Huo B，Flynn B B，et al. The impact of power and relationship commitment on the integration between manufacturers and customers in a supply chain [J]. Journal of Operations Management，2008，26(3)：368-388.

Zhou T. Understanding online community user participation：A social influence perspective ［J］. Internet Research Electronic Networking Applications & Policy，2011，21(1)：67-81.

Zwick D，Bonsu S K，Darmody A. Putting consumers to work：Co-creationand new marketing govern-mentality[J]. Journal of Consumer Culture，2008，8(2)：163-196.

艾尔·巴比. 社会研究方法[M]. 邱泽奇,译. 北京:华夏出版社,2005.

艾树,汤超颖. 情绪对创造力影响的研究综述[J]. 管理学报,2011(8):1256-1262.

白长虹,刘春华. 基于扎根理论的海尔、华为公司国际化战略案例相似性对比研究[J]. 科研管理，2014(3)：99-107.

曹花蕊，杜伟强，姚唐，等. 顾客参与内容创造的个体心理和群体创造机制[J]. 心理科学进展，2014(5)：746-759.

曹智，沈灏，霍宝锋. 基于三元视角的供应链关系管理研究前沿探析与未来展望[J]. 外国经济与管理，2011(8)：8-16.

曹科岩，窦志铭. 组织创新氛围、知识分享与员工创新行为的跨层次研究[J]. 科研管理，2015(12)：83-91.

常亚平，孙威，张金隆. 研究生团队创新氛围的影响因素研究[J]. 科研管理，2013(7)：1-10.

陈辉辉，郑毓煌. 创造力：情境影响因素综述及研究展望[J]. 营销科学学报，2015(2)：51-68.

陈伟，潘伟，杨早立. 知识势差对知识治理绩效的影响机理研究[J]. 科学学研究，2013(12)：1864-1871.

陈少霞，张德鹏. 顾客创新价值形成机理及其计量模型建构：基于计划行为论[J]. 科技进步与对策，2014(20)：18-26.

陈瑞，郑毓煌，刘文静. 中介效应分析：原理、程序、Bootstrap 方法及其应用[J]. 营销科学学报，2013(4)：120-135.

陈文沛，刘伟，李忆. 消费者创新性、消费者特性与新产品采用行为关系的实证研究[J]. 管理评论，2010(5)：35-41.

崔海云，施建军. 服务创新、顾客体验价值与休闲农业企业绩效[J]. 南京社会科学，2013(11)：33-38.

蔡翔，舒勇，李硕. 基于团队氛围的知识共享与服务创新互动关系研究[J]. 技术经济与管理研究，2010 (2)：56-59.

杜建刚，范秀成. 服务失败中群体消费者心理互动过程研究[J]. 管理科学学报，2012(12)：60-70.

彼得·P. 德鲁克. 创新与创业精神[M]. 张炜，译. 上海：上海人民出版社，2002.

丁鹏飞，迟考勋，孙大超. 管理创新研究中经典探索性研究方法的操作思路：案例研究与扎根理论研究[J]. 科技管理研究，2012(17)：229-232.

邓铸，黄荣. 情绪与创造力关系研究的新进展[J]. 南京师大学报：社会科学版，2010(4)：92-97.

范秀成，杜琰琰. 顾客参与是一把"双刃剑"——顾客参与影响价值创造的研究述评[J]. 管理评论，2012(12)：64-71.

范秀成，王静. 顾客参与服务创新的激励问题——理论、实践启示及案例分析[J]. 中国流通经济，2014(10)：79-86.

范钧. 顾客参与对顾客满意和顾客公民行为的影响研究[J]. 商业经济与管理，2011(1)：68-75.

范钧，付沙沙，葛米娜. 顾客参与、心理授权和顾客公民行为的关系研究[J]. 经济经纬，2015(6)：89-94.

范钧，聂津君. 企业-顾客在线互动、知识共创与新产品开发绩效[J]. 科研管理，2016(1)：119-127.

范钧，邱瑜，邓丰田. 顾客参与对知识密集型服务业服务创新绩效的影响研究[J]. 科技进步与对策，2013(16)：71-78.

付晓蓉，赵冬阳，李永强，等. 消费者知识对我国信用卡创新扩散的影响研究[J]. 中国软科学，2011(2)：120-131.

顾远东，彭纪生. 组织创新氛围对员工创新行为的影响：创新自我效能感的中介作用[J]. 南开管理评论，2010 (1)：30-41.

高海霞. 顾客参与企业产品创新的文献回顾和未来展望[J]. 技术经济与管理研究，2014 (7)：56-61.

葛米娜. 顾客参与服务创新对企业的作用与管理研究[J]. 湖南城市学院学报（自然科学版），2016(2)：178-179.

葛米娜，卢静怡，林帆. 图书馆微博用户参与对新服务开发绩效的影响研究：知识获取视角[J]. 图书与情报，2014(4)：73-79.

葛米娜. 游客参与、预期收益与旅游亲环境行为：一个扩展的 TPB 理论模型[J]. 中南林业科技大学学报（社会科学版），2016(4)：65-70.

耿紫珍，刘新梅，杨晨辉. 战略导向、外部知识获取对组织创造力的影响[J]. 南开管理评论，2012(4)：15-27.

郭小艳，王振宏. 积极情绪的概念、功能与意义[J]. 心理科学进展，2007

（5）：810-815.

龚增良，汤超颖. 情绪与创造力的关系[J]. 人类工效学，2009(4)：62-65.

韩清池，赵国杰等.国外消费者创新研究现状与展望[J]. 科技管理研究，2016
　　（5）：76-81.

郝萌，程志超. 真实型领导、积极氛围与下属创造力[J]. 科研管理，2015
　　（12）：103-109.

何小洲，熊娟. 市场导向、创造力与新产品开发绩效关系研究[J]. 软科学，
　　2012(5)：20-26.

和征，陈菊红，李小惠. 顾客参与制造企业服务创新的激励博弈分析[J]. 计
　　算机工程与应用，2016(3)：241-246.

黄海艳. 顾客参与对新产品开发绩效的影响：动态能力的中介机制[J]. 经济
　　管理，2014(3)：87-97.

贾鹤，王永贵，黄永春. 服务企业应该培训顾客吗？——顾客知识对创造型
　　顾客参与行为和顾客满意的影响的探索性研究[J]. 科学决策，2009
　　（12）：54-62.

贾绪计，林崇德. 创造力研究：心理学领域的四种取向[J]. 北京师范大学学报
　　（社会科学版），2014(1)：61-67.

简兆权，李雷，柳仪. 服务供应链整合及其对服务创新影响研究述评与展望
　　[J]. 外国经济与管理，2013(1)：37-46.

简兆权，令狐克睿，李雷. 价值共创研究的演进与展望——从"顾客体验"到
　　"服务生态系统"视角[J]. 外国经济与管理，2016(9)：3-20.

江静，杨百寅. 善于质疑辨析就会有高创造力吗：中国情境下的领导—成员交
　　换的弱化作用[J]. 南开管理评论，2014(2)：117-128.

姜铸，李宁. 服务创新、制造业服务化对企业绩效的影响[J]. 科研管理，2015
　　（5）：29-37.

金菊花. 个体因素与情境因素对创造力的影响研究[D]. 延吉：延边大
　　学，2012.

菲利普·科特勒，等. 营销革命 3.0[M].毕崇毅，译. 北京：机械工业出版
　　社，2011.

李雷，赵先德，简兆权. 电子服务概念界定与特征识别——从商品主导逻辑到服务主导逻辑[J]. 外国经济与管理，2012(4)：2-10.

李雷，简兆权，张鲁艳. 服务主导逻辑产生原因、核心观点探析与未来研究展望[J]. 外国经济与管理，2013(4)：2-12.

李雷，杨怀珍. 新服务开发(NSD)分类：文献梳理与后续研究框架构建[J]. 软科学，2013(4)：128-131.

李雷，赵先德，杨怀珍. 国外新服务开发研究现状述评与趋势展望[J]. 外国经济与管理，2012(1)：36-45.

李靖华，马鑫. 新服务开发研究走向何处？——Vermeulen PAM 路径及其启示[J]. 研究与发展管理，2012(4)：42-52.

李靖华，朱文娟. 组织理论视角下的我国服务创新研究进展[J]. 研究与发展管理，2014(4).

李靖华，庞学卿. 组织文化、知识转移与新服务开发绩效：城市商业银行案例[J]. 管理工程学报，2011(4)：163-171.

李耀，王新新. 价值的共同创造与单独创造及顾客主导逻辑下的价值创造研究评介[J]. 外国经济与管理，2011(9)：43-50.

李耀. 顾客单独创造价值的结果及途径——一项探索性研究[J]. 管理评论，2015(2)：120-127.

李晓方. 激励设计与知识共享——百度内容开放平台知识共享制度研究[J]. 科学学研究，2015(2)：272-278.

李柏洲，徐广玉. 知识粘性、服务模块化和知识转移绩效关系的研究[J]. 科学学研究，2013(11)：1671-1679.

李西营，张莉，芦咏莉，等. 创造性自我效能：内涵，影响因素和干预[J]. 心理科学进展，2012(1)：108-114.

李金珍，王文忠，施建农. 积极心理学：一种新的研究方向[J]. 心理科学进展，2003(3)：321-327.

李万，常静，王敏杰，等. 创新 3.0 与创新生态系统[J]. 科学学研究，2014(12)：3-12.

李生. 外部创新搜寻战略对新创企业创新绩效的影响研究[J]. 管理学报，

2013(8)：1185-1193.

连欣，杨百寅，马月婷. 组织创新氛围对员工创新行为影响研究[J]. 管理学报，2013(7)：985-992.

蔺雷，吴贵生. 服务创新的四维度模型[J]. 数量经济技术经济研究，2004(3)：32-37.

蔺雷，吴贵生. 制造业的服务增强研究：起源、现状与发展[J]. 科研管理，2006(1)：91-99.

刘德文，鲁若愚. 多维视角下的服务创新网络初探[J]. 技术经济，2009(12)：12-16.

刘慧，张亮. 高校创新团队的领导力对工作满意度的影响：团队创新氛围的中介作用[J]. 科技管理研究，2013(24)：133-138.

刘石兰. 消费者创新性的结构测量及对创新性行为的影响[J]. 商业经济与管理，2011（3）：81-90.

刘智强，李超，廖建桥，等. 组织中地位、地位赋予方式与员工创造性产出——来自国有企事业单位的实证研究[J]. 管理世界，2015（3）：86-101.

刘冰，谢凤涛，孟庆春. 团队氛围对团队绩效影响机制的实证分析[J]. 中国软科学，2011(11)：133-140.

刘林艳，宋华. 供应链企业间、企业内协调对供应柔性和企业绩效影响的实证研究[J]. 经济管理，2010(11)：025.

龙立荣. 员工情感与创造力：一个动态研究模型[J]. 管理评论，2015(5)：157-168.

楼天阳，陆雄文. 虚拟社区与成员心理联结机制的实证研究：基于认同与纽带视角[J]. 南开管理评论，2011(2)：14-25.

楼天阳，褚荣伟，李仪凡，等. 虚拟社区成员参与心理机制研究述评[J]. 外国经济与管理，2011(5)：33-40.

卢俊义，王永贵. 顾客参与服务创新与创新绩效的关系研究[J]. 管理学报，2011(10)：1566-1574.

吕洁. 知识异质性对知识型团队创造力的影响机制研究[D]. 杭州：浙江大学，

2013.

吕洁,张钢. 知识异质性对知识型团队创造力的影响机制:基于互动认知的视角[J]. 心理学报,2015(4):533-544.

罗瑾琏,张波,钟竞. 认知风格与组织氛围感知交互作用下的员工创造力研究[J]. 科学学与科学技术管理,2013(2):144-151.

马双,王永贵,赵宏文. 组织顾客参与的双刃剑效果及治理机制研究——基于服务主导逻辑和交易成本理论的实证分析[J]. 外国经济与管理,2015(7):19-32.

马永斌,王其冬,万文海. 消费者创新研究综述与展望[J]. 外国经济与管理,2013(8):71-80.

梅强,徐胜男,韩淑粉,等. 组织创新氛围与员工创新行为的演化博弈分析[J]. 科技进步与对策,2011(9):19-24.

裴瑞敏,李虹,高艳玲. 领导风格对科研团队成员创造力的影响机制研究——内部动机和 LMX 的中介作用[J]. 管理评论,2013(3):12.

彭艳君. 国外顾客参与研究述评[J]. 北京工商大学学报(社会科学版),2008(5):56-60.

邱林,郑雪,王雁飞. 积极情感消极情感量表(PANAS)的修订[J]. 应用心理学,2008(3):249-254.

任朝霞,陈萍. 班杜拉社会学习理论及其在教育中的应用[J]. 山东省农业管理干部学院学报,2004(5):138-140.

宋华,刘林艳. 服务主导型供应链中互动模型与协同价值创造——基于方兴物流的案例研究[J]. 管理案例研究与评论,2011(5):342-351.

宋华,于亢亢,陈金亮. 不同情境下的服务供应链运作模式——资源和环境共同驱动的 B2B 多案例研究[J]. 管理世界,2013(2):156-168.

宋华,王岚. 企业间关系行为对创新柔性的影响研究[J]. 科研管理,2012(3):3-12.

宋宝香,王怡. 组织创新气氛对信息系统创新使用的影响机制研究——基于人格特质和个体感知的视角[J]. 暨南学报(哲学社会科学版),2014(5):64-72.

宋典，袁勇志，张伟炜. 战略人力资源管理、创新氛围与员工创新行为的跨层次研究[J]. 科学学与科学技术管理，2011(1)：172-179.

宋志刚，顾琴轩. 创造性人格与员工创造力：一个被调节的中介模型研究[J]. 心理科学，2015(3)：700-707.

苏敬勤，崔淼. 探索性与验证性案例研究访谈问题设计：理论与案例[J]. 管理学报，2011(10)：1428.

苏勇，王淼，李辉. 工作设计对员工知识共享行为影响研究：以心理资本为中介变量[J]. 软科学，2011(9)：75-80.

孙海法，朱莹楚. 案例研究法的理论与应用[J]. 科学管理研究，2004(1)：116-120.

孙锐. 战略人力资源管理、组织创新氛围与研发人员创新[J]. 科研管理，2014(8)：34-43.

汤超颖，艾树，龚增良. 积极情绪的社会功能及其对团队创造力的影响：隐性知识共享的中介作用[J]. 南开管理评论，2011(4)：129-137.

汤超颖，黄冬玲. 知识网络与创造力的国内外研究综述[J]. 科学学与科学技术管理，2016(3)：43-49.

唐娟，张耀珍. 顾客参与服务创新及其绩效影响——基于电信企业的实证研究[J]. 科技管理研究，2012(20)：130-136.

陶咏梅，康宇. 基于组织承诺的组织创新气氛与个体创新行为关系研究[J]. 工业技术经济，2012(6)：145-150.

田喜洲，谢晋宇. 积极心理学运动对组织行为学及人力资源管理的影响[J]. 管理评论，2011(7)：95-100.

万文海，王新新. 共创价值的两种范式及消费领域共创价值研究前沿述评[J]. 经济管理，2013(1)：186-199.

汪涛，何昊，诸凡. 新产品开发中的消费者创意——产品创新任务和消费者知识对消费者产品创意的影响[J]. 管理世界，2011(2)：80-92.

汪涛，望海军. 顾客参与一定会导致顾客满意吗——顾客自律倾向及参与方式的一致性对满意度的影响[J]. 南开管理评论，2008(3)：4-11.

王宁，赵西萍，周密，等. 领导风格、自我效能感对个体反馈寻求的影响研究

[J]. 软科学, 2014(5): 37-42.

王磊, 钱巍, 董雪莲, 等. 基于知识图谱的近五年国内外创造力领域的知识结构与研究热点分析[J]. 现代情报, 2014(5): 29-34.

王娜. 虚拟品牌社区顾客参与服务创新研究[D]. 广州: 华南理工大学, 2013.

王端旭, 洪雁. 组织氛围影响员工创造力的中介机制研究[J]. 浙江大学学报(人文社会科学版), 2011(2): 77-83.

王端旭, 赵轶. 学习目标取向对员工创造力的影响机制研究: 积极心境和领导成员交换的作用[J]. 科学学与科学技术管理, 2011(9): 172-179.

王金柯, 来尧静, 姚山季. 虚拟品牌社区消费者创新行为及营销策略[J]. 商业经济研究, 2015(11): 58-60.

王潇, 杜建刚, 白长虹. 从"产品主导逻辑"到"顾客参与的价值共创"——看西方服务范式四十年来的理论演进[J]. 商业经济与管理, 2014(11): 41-49.

王东东. 基于上市公司的财务分析——以青岛海尔为例[J]. 技术与市场, 2016(11): 156-158.

王莉, 方澜, 罗瑾琏. 顾客知识、创造力和创新行为的关系研究——基于产品创新过程的实证分析[J]. 科学学研究, 2011(5): 777-784.

王莉, 罗瑾琏. 产品创新中顾客参与程度与满意度的关系——基于高复杂度产品的实证研究[J]. 科研管理, 2012(12): 1-9.

王莉, 任浩. 虚拟创新社区中消费者互动和群体创造力——知识共享的中介作用研究[J]. 科学学研究, 2013(5): 702-710.

王琳, 郑长娟, 彭新敏. 国外企业顾客合作创新研究述评与展望[J]. 外国经济与管理, 2012(9): 66-72.

王艳平, 刘效广, 张亚莉. 人力资源实践、人力资源系统强度与创新氛围关系研究[J]. 科研管理, 2014(1): 107-114.

王永贵, 等. 顾客创新论: 全球竞争环境下"价值共创"之道[M]. 北京: 中国经济出版社, 2011.

王永贵, 马双. 虚拟品牌社区顾客互动的驱动因素及对顾客满意影响的实证研究[J]. 管理学报, 2013(9): 1375-1383.

王永贵，姚山季，瞿燕舞. 消费者参与创新体验的理论探索——对操作说明、感知复杂性、胜任感和自治感关系的实验研究[J]. 管理学报，2011(7)：1004-1009.

王红丽，李建昌. 创新情绪、情境信心对用户创新行为的作用机制研究[J]. 软科学，2014(9)：60-64.

王平. 基于体验视角的消费者内容投入行为研究：一个分析框架[J]. 现代管理科学，2011 (3)：49-51.

王先辉，等. 员工创造性：概念、形成机制及总结展望[J]. 心理科学进展，2010(18)：760-768.

王端旭，赵轶. 学习目标取向对员工创造力的影响机制研究：积极心境和领导成员交换的作用[J]. 科学学与科学技术管理，2011(9)：172-179.

王陵峰，龙静，黄勋敬. 员工创造力影响因素新探[J]. 软科学，2011(10)：87-90.

翁秋妹，陈章旺. 智慧景区服务创新研究——以福州三坊七巷为例[J]. 北京第二外国语学院学报，2014(5)：49-55.

武文珍，陈启杰. 价值共创理论形成路径探析与未来研究展望[J]. 外国经济与管理，2012(6)：66-73.

吴茂英，Philip L P. 积极心理学在旅游学研究中的应用[J]. 旅游学刊，2014(1)：39-46.

吴明隆. SPSS 统计应用实务——问卷分析与应用统计[M]. 北京：科学出版社，2003.

吴明隆. 结构方程模型：Amos 实务进阶[M]. 重庆：重庆大学出版社，2013.

吴俊杰. 企业家社会网络、双元性创新与技术创新绩效[D]. 杭州：浙江工商大学，2013.

韦铁. 多主体参与的服务创新模式管理研究[D]. 成都：电子科技大学，2010.

韦铁，鲁若愚. 多主体参与的服务创新研究综述[J]. 技术经济与管理研究，2012 (7)：41-44.

魏江，刘洋，赵江琦. 基于知识编码化的专业服务业服务模块化对创新绩效的作用机理研究[J]. 科研管理，2013(9)：1-10.

解学梅，左蕾蕾. 企业协同创新网络特征与创新绩效：基于知识吸收能力的中介效应研究[J]. 南开管理评论，2013(3)：47-56.

谢礼珊，关新华，Catherine MERCIER-SUISSA. 个体与组织情景因素对旅游服务员工创新行为的影响[J]. 旅游学刊，2015(2)：79-89.

谢荷锋，刘超. "拥挤"视角下的知识分享奖励制度的激励效应[J]. 科学学研究，2011(10)：1549-1556.

徐岚. 顾客为什么参与创造？[J]. 心理学报，2007(2)：343-354.

徐明，高顺成，赖然，等. 基于案例分析的企业服务创新流程研究[J]. 科技进步与对策，2013(24)：100-104.

辛春林，彭乔，苏颖. 新服务开发的过程、模型和影响因素——研究现状与研究视角探析[J]. 软科学，2013(9)：131-134.

薛佳奇，刘婷，张磊楠. 制造企业服务导向与创新绩效：一个基于顾客互动视角的理论模型[J]. 华东经济管理，2013(8)：78-82.

衣新发. 创造力理论述评及 CPMC 的提出和初步验证[J]. 心理研究，2009(6)：7-13.

姚山季，来尧静，王永贵. 服务业顾客参与及其结果影响研究综述[J]. 商业时代，2011(5)：20-21.

姚山季，王永贵. 顾客参与新产品开发及其绩效影响：关系嵌入的中介机制[J]. 管理工程学报，2013(4)：39-48.

姚山季. 智力资本对顾客参与的驱动影响：转化式学习视角[J]. 管理科学，2016(2)：77-92.

姚山季，金晔，王万竹. IT 能力、界面管理与顾客创新[J]. 管理学报，2013(10)：1528-1534.

姚唐，郑秋莹，邱琪，等. 网络旅游消费者参与心理与行为的实证研究[J]. 旅游学刊，2014(2)：66-74.

闫春. 近十年国外开放式创新的理论与实践研究述评[J]. 研究与发展管理，2014(4)：92-105.

杨晶照，杨东涛，赵顺娣，等. 工作场所中员工创新的内驱力：员工创造力自我效能感[J]. 心理科学进展，2011(9)：1363-1370.

杨晶照，杨东涛，赵顺娣，等．"我是""我能""我愿"——员工创新心理因素与员工创新的关系研究[J]．科学学与科学技术管理，2011(4)：165-172．

杨艳，景奉杰．新创小微企业营销绩效研究：顾客合法性感知视角[J]．管理科学，2016(2)：66-76．

原小能．服务创新理论研究述评[J]．经济问题探索，2009(11)：162-167．

余菁．案例研究与案例研究方法[J]．经济管理，2004(20)：24-29．

张辉，徐岚，张琴，等．顾客参与创新过程中授权对消费者创造力的影响研究[J]．商业经济与管理，2013(12)：37-44．

张欣，姚山季，王永贵．顾客参与新产品开发的驱动因素：关系视角的影响机制[J]．管理评论，2014(5)：99-110．

张德鹏，林萌菲，陈晓雁，等．顾客参与创新对口碑推荐意愿的影响研究：心理所有权的中介作用[J]．管理评论，2015(12)：131-140．

张燕，怀明云，章振，等．组织内创造力影响因素的研究综述[J]．管理学报，2011(2)：226-232．

张剑，董荔，田一凡．促进还是阻碍：情感对员工创造性绩效的影响[J]．心理科学进展，2010(6)：955-962．

张瑾．顾客参与对知识密集型服务业创新绩效的影响研究[D]．镇江：江苏大学，2014．

张鼎昆，方俐洛，凌文辁．自我效能感的理论及研究现状[J]．心理科学进展，1999(1)：39-43．

张文敏．顾客参与的前因变量与结果效应[D]．广州：华南理工大学，2012．

张德鹏，陈晓雁，陈钢．网络环境下顾客创新研究回顾与展望[J]．财会通讯（上），2016(1)：55-58．

张宏梅，刘少湃，于鹏，等．消费者创新性和使用动机对移动旅游服务融入意向的影响[J]．旅游学刊，2015(8)：13-25．

张文敏．顾客参与的前因变量与结果效应[D]．广州：华南理工大学，2012．

张红琪，鲁若愚．顾客知识管理对服务创新能力影响的实证研究[J]．科学学与科学技术管理，2012(8)：66-73．

张红琪，鲁若愚，蒋洋．服务创新过程中顾客知识管理测量工具研究：量表的开发及检验——以移动通信服务业为例[J]. 管理评论，2013（2）：108-114.

张红琪，鲁若愚. 供应商参与服务创新的过程及影响研究[J]. 科学学研究，2010（9）：1422-1427.

张文勤，石金涛，刘云. 团队成员创新行为的两层影响因素：个人目标取向与团队创新气氛[J]. 南开管理评论，2010（5）：22-30.

张辉，汪涛，刘洪深. 顾客参与了为何仍不满意——顾客参与过程中控制错觉与顾客满意的关系研究[J]. 南开管理评论，2011（5）：153-160.

张喆，来小立. 服务行业中消费者参与对消费者创新性的影响[J]. 研究与发展管理，2011（1）：70-75.

张宇，蔺雷，吴贵生. 企业服务创新类型探析[J]. 科技管理研究，2005（9）：130-133.

张芮. 创新氛围、知识二元性与服务创新关系研究[D]. 杭州：浙江工商大学，2014.

赵丽，孙林岩，李刚，等. 中国制造企业供应链整合与企业绩效的关系研究[J]. 管理工程学报，2011（3）：1-9.

赵建彬，景奉杰. 在线品牌社群氛围对顾客创新行为的影响研究[J]. 管理科学，2016（4）：125-138.

赵辉. 千亿再造——中国领军企业的组织结构调整[J]. 中国企业家，2013（24）：83-90.

赵欣，张长征，高祥宇. 国外员工情绪与创造力研究的新进展[J]. 管理现代化，2015（2）：117-120.

赵晓煜，孙福权. 网络创新社区中顾客参与创新行为的影响因素[J]. 技术经济，2013（11）：14-20.

周小虎，姜凤，陈莹. 企业家创业认知的积极情绪理论[J]. 中国工业经济，2014（8）：135-147.

曾晓洋. 基于消费者虚拟社区的营销管理研究综述与未来展望[J]. 外国经济与管理，2011（11）：48-56.

附录 1　访谈提纲

核心概念解析:服务创新

服务创新就是对既有产品或服务进行改进,以满足顾客多样化的需求,帮助组织获取多重利益。与产品创新相比,它强调为了顾客而进行的新服务开发、流程改进、营销设计等活动。

请您根据服务创新的定义如实回答以下问题。谢谢。

1.您的企业有顾客接触吗?

2.他们对企业新服务、新产品、新流程、新组织架构有贡献的建议和意见吗?

3.贵企业的主营产品及主要服务对象是哪些?

4.在为其他企业/个人服务过程中,您所在的技术研发部门的主要工作职责是什么?

5.企业的服务创新活动或产品介绍。

6.企业在服务创新时遇到的最大问题是什么? 怎么解决的?

7.企业有服务创新联盟吗? 产品创新或流程创新时主要接触的外部知识源有哪些? 例如顾客、合作企业、研发机构、高校等,能不能各举些例子?

8.您如何看待企业的内部研发与外部产学研合作问题的? 互补或是替代?

9.企业在服务创新知识搜寻方面,关注内部员工的建议吗? 顾客、合作商的呢? 具体方式和手段,以及达到的效果、绩效说明。

10.贵企业在服务接触、服务流程设计、可视化、可跟踪服务系统设计等方面存在哪些您认为的创新举措?

11.一线员工、顾客认同有影响吗?

附录2　调查问卷
顾客在线参与服务创新的
创造力驱动机理研究的调研问卷

您好！非常感谢您在百忙之中抽出时间填写这份问卷。本次调查旨在了解在当代顾客主导的网络服务消费环境中，企业营造的创新氛围对您参与服务创新中的创造力影响研究。我们真诚地希望您能根据自己的真实看法和实际经验来回答相关问题。答案无对错之分，调查结果只作学术之用。

我们承诺对您的资料予以保密。再次感谢您的合作与支持！

顾客参与服务创新的定义：是指您在购买或消费产品或服务的过程中，提供自己的意见、想法及解决方案等，并促使对方接受你的建议，进而使企业生产处更符合个人独特需求的新产品或服务。如在理发店中与理发师合作开发适合自己的发型；与家装设计师合作设计装修自己的房子；在苹果等电子产品的互动论坛中提供问题的解决方案、新的设计思路；在旅游网站合作开发旅游线路产品，参与服装设计、运动器械产品设计等。

第一部分：个人基本信息

1. 您的年龄：　　　　　　　　　　　　　　　　　　（　　）

A. 20 岁及以下　　　B. 21～30 岁　　　C. 31～50 岁　　　D. 51～60 岁

2. 您正在攻读或已经获得的最高学历：　　　　　　（　　）

A. 高中及以下　　　B. 大专　　　　C. 大学本科　　　D. 研究生

3. 您的职业：　　　　　　　　　　　　　　　　　　（　　）

A. 学生　　　　　　　　　　　　　B. 党政机关事业单位工作者

C. 企业一般员工 　　　　　　　　D. 企业管理人员

E. 个体户 　　　　　　　　　　　F. 自由职业者

G. 家庭主妇 　　　　　　　　　　H. 其他

4. 您的收入： 　　　　　　　　　　　　　　　　　　　　（　　）

A. 无 　　　　　　　　　　　　B. 2000 元以下

C. 2000～3000 元 　　　　　　　D. 3000～5000 元

E. 5000 元以上

5. 您进行网上消费的频次： 　　　　　　　　　　　　　　（　　）

A. 较少　　　　　B. 有时　　　　　C. 定期　　　　　D. 经常

6. 您与企业共同开发服务创新项目的目的（可多选）： 　　　（　　）

A. 为了娱乐

B. 为了满足自身独特性需求

C. 为了跟上潮流

D. 为了在网上结交新朋友

E. 为了在网络中实现自我价值，获得认可

F. 其他

第二部分：以下问题是对您在参与企业服务创新项目过程中感受到的"创新氛围"进行测量

编号	项目	非常不同意	不同意	有点不同意	不确定	有点同意	同意	非常同意
	知识共享							
1	在企业创建的虚拟品牌社区中，企业经常提供或共享资源，帮助我产生新想法或实现新应用	1	2	3	4	5	6	7
2	在企业创建的虚拟品牌社区中，我向企业提供关于自我及我所知道的信息资源	1	2	3	4	5	6	7
3	在企业创建的虚拟品牌社区中，企业经常提供一些专业知识或技术的培训或指导，并对我提出的问题给予解答	1	2	3	4	5	6	7

续表

编号	项目	非常不同意	不同意	有点不同意	不确定	有点同意	同意	非常同意
4	在企业创建的虚拟品牌社区中，顾客间经常共享知识信息	1	2	3	4	5	6	7
	虚拟赋权							
5	在交互网络中，我有一定的评论权	1	2	3	4	5	6	7
6	在交互网络中，我有一定的选择权	1	2	3	4	5	6	7
7	在交互网络中，我有一定的决策权	1	2	3	4	5	6	7
	任务导向							
8	我参与完成的工作是以单个任务形式出现的	1	2	3	4	5	6	7
9	我参与完成的工作有清晰的工作标准	1	2	3	4	5	6	7
10	我参与完成的工作有明确的任务目标	1	2	3	4	5	6	7
11	我参与完成的工作总是朝向开发新服务、提出新方案展开的	1	2	3	4	5	6	7
	在线激励							
12	参与可使我获得一定的虚拟等级（名望）激励	1	2	3	4	5	6	7
13	参与可使我获得一定的网络积分激励	1	2	3	4	5	6	7
14	参与可使我获得一定的虚拟身份激励	1	2	3	4	5	6	7
15	参与可使我获得一定的价格折扣激励	1	2	3	4	5	6	7
16	参与可使我获得一定的优先使用激励							
17	参与可使我获得一定的特定权利激励							

第三部分：以下问题是对您在参与企业服务创新项目过程中"创造性自我效能感"进行测量

编号	项目	非常 不同意	不同意	有点 不同意	不确定	有点 同意	同意	非常 同意
18	我认为自己是一个有发明才能的人	1	2	3	4	5	6	7
19	我认为自己的思想及行为是富有创造力的和原创性的	1	2	3	4	5	6	7
20	我认为自己对服务创新项目是了解的，且有自己独特的见解的	1	2	3	4	5	6	7
21	我认为自己对于企业线上服务创新拥有较丰富的专业知识（关于技术、资源、市场理解和产品设计等）	1	2	3	4	5	6	7

第四部分：以下问题是对您在参与企业服务创新项目过程中"积极情绪"进行测量

编号	项目	非常 不同意	不同意	有点 不同意	不确定	有点 同意	同意	非常 同意
22	在线参与企业服务创新让我感觉很激动	1	2	3	4	5	6	7
23	在线参与企业服务创新让我感觉很愉快	1	2	3	4	5	6	7
24	在线参与企业服务创新让我感觉很兴奋	1	2	3	4	5	6	7
25	在线参与企业服务创新让我感觉很有趣	1	2	3	4	5	6	7
26	在线参与企业服务创新让我感觉满足							

第五部分（与顾客直接接触的服务员工完成以下问项）：以下问题是对"顾客创造力"进行测量，这部分由企业一线服务接触者回答。

编号	项目	非常 不同意	不同意	有点 不同意	不确定	有点 同意	同意	非常 同意
27	该顾客提出过新颖或改进的想法	1	2	3	4	5	6	7

续表

编号	项目	非常 不同意	不同意	有点 不同意	不确定	有点 同意	同意	非常 同意
28	该顾客提出过新的或改进的服务流程设计方案	1	2	3	4	5	6	7
29	该顾客提出过新的或改进的服务产品设计方案	1	2	3	4	5	6	7
30	对企业而言,该顾客提出的想法具有一定的实用性和可操作性	1	2	3	4	5	6	7
31	对企业而言,该顾客提出的服务流程设计方案具有一定的实用性和可操作性	1	2	3	4	5	6	7
32	对企业而言,该顾客提出的服务产品设计方案具有一定的实用性和可操作性	1	2	3	4	5	6	7

问卷到此结束,谢谢您的参与和帮助,祝您生活及工作愉快!

后 记

本书是浙江省科技厅软科学项目"浙江省'互联网＋企业'顾企协同共创的内在机制与实现路径研究"（2020C35063）的研究成果之一。本书也是我五年博士求学生涯的主要研究成果，是研究团队在顾客参与服务创新主体上的一个阶段性总结。在对这一课题的研究过程中，陆续完成了多项相关子研究，并发表了多篇中英文学术论文。

近五年的博士时光，在人的一生中可以很长，也可以很短，可以雁过无痕，也可以刻骨铭心。而这五年恰是我生命中一段极为重要的成长阶段。搁笔回首，无数情绪翻涌交错。沉淀之后，许多清晰的面孔浮现眼前，正是他们关心我、帮助我、与我分享、伴我成长。在即将踏上下一段旅程之际，最应该表达的就是感恩、感谢，感谢身边每一个有缘相遇相伴的人！

首先，最感谢的就是我的导师。范钧教授严谨的治学精神，潇洒的人生态度，以及其对人文学科的关注和热爱深深影响着我的价值观、人生观和世界观。他为人和蔼，对每个学生关怀备至，也特别体谅初为人母的我，让我紧张的情绪放松了很多。

其次，我要感谢浙江工商大学工商管理学院的盛亚老师、郝云宏老师、项国鹏老师、易开刚老师、李靖华老师和金杨华老师等。感谢他们对我论文的选题、修改和完善提出了很多宝贵的建议。他们高度认真负责的态度，使我感受到了浙江工商大学浓厚的学术氛围，让我实现了人生的蜕变，收获了知识和宝贵的人生经历。

再次，我要感谢博士生同学邱宏亮、余建平、林杰、周全、刘波、刘晓、潘建林、惠男男、周广澜、郭飞鹏、周冬梅、刘勇、孙金秀、陈东华等，还有师姐聂津君对我的帮助与支持。感谢每周三晚上不问断的学习例会，感谢研究生师弟、师妹高孟立、王丽丹、沈东强、林帆、叶聘、林涛、孙倩、林东圣、LD 等,不厌其烦地给我讲解数据统计、分析,是他们无私的帮助与鼓励,陪伴我渡过了博士研究生最艰难的时期,也让我收获了无价友谊。此外,该研究还得到了盘石网盟等多家案例企业的大力支持,在此一并感谢!

感谢我挚爱的家人!感谢我的老公、父母和儿子,谢谢你们一直在背后默默地支持我、鼓励我,无私地付出,也正是因为你们的支持才让我勇敢前行!

最后,感谢浙江大学出版社吴伟伟编辑,帮助我纠正了很多语言文字错误,没有吴老师的辛苦努力,该书就不能如此迅速地与读者见面,非常感恩、感谢!

葛米娜

2020 年 3 月

图书在版编目(CIP)数据

顾客创造力驱动机理研究 / 葛米娜著. —杭州：
浙江大学出版社，2020.6
ISBN 978-7-308-20235-0

Ⅰ.①顾… Ⅱ.①葛… Ⅲ.①消费者行为论—研究
Ⅳ.①F713.55

中国版本图书馆 CIP 数据核字(2020)第 086324 号

顾客创造力驱动机理研究

葛米娜　著

丛书策划	吴伟伟 weiweiwu@zju.edu.cn	
责任编辑		
责任校对	诸寅啸　张振华	
封面设计	木　夕	
出版发行	浙江大学出版社	
	（杭州市天目山路 148 号　邮政编码 310007）	
	（网址：http://www.zjupress.com）	
排　　版	浙江时代出版服务有限公司	
印　　刷	浙江新华数码印务有限公司	
开　　本	710mm×1000mm　1/16	
印　　张	10	
字　　数	158 千	
版 印 次	2020 年 6 月第 1 版　2020 年 6 月第 1 次印刷	
书　　号	ISBN 978-7-308-20235-0	
定　　价	58.00 元	